Franz Keller
Vom Einfachen das Beste

PIPER

Zu diesem Buch

»Im Grunde ist die Sache doch ganz einfach: Der Mensch ist, was er isst. Doch wenn ich über die Qualität und Inhaltsstoffe unserer sogenannten Lebensmittel nachdenke, dann mache ich mir ernsthafte Sorgen. Wir produzieren Unmengen fast inhaltsleerer Nahrungsmittel und davon landen alleine in Deutschland achtzehn Millionen Tonnen pro Jahr gleich wieder im Müll. Mehr als 85 Kilo pro Kopf oder umgerechnet, Lebensmittel für rund 400 Euro im Jahr pro Einwohner vom Baby bis zum Greis. Als Zyniker könnte ich sagen, ›gut so, da gehört ein Großteil des Industriefoods aus unseren Supermarktregalen auch wirklich hin‹. Doch ich bin kein Zyniker. Es tut mir in der Seele weh, wenn ich den Niedergang unserer Ess- und Kochkultur in den letzten Jahrzehnten beobachte. Wir sind dabei, unsere Zeit zum Kochen und für eine vernünftige Ernährung wegzurationalisieren. In unseren nach strengen Zeitplänen getakteten Lebensentwürfen ist offensichtlich kein Platz mehr für eine selbst zubereitete Mahlzeit.« *Aus dem Inhalt*

Franz Keller gehört zu den renommiertesten Sterneköchen in Deutschland. Er lernte sein Handwerk bei Legenden wie Jean Ducloux, Paul Bocuse oder Michel Guérard und konzipierte als einer der Ersten die »Neue Deutsche Küche«. Dann verabschiedete er sich aus dem »Sterne-Zirkus« und verfolgt seitdem in seiner berühmten »Adler Wirtschaft« in Hattenheim im Rheingau seine eigene Philosophie »Vom Einfachen das Beste«. Auf seinem »Falkenhof« im Wispertal lebt er heute seinen Traum vom Kochen als Genusshandwerk.

Franz Keller

VOM EINFACHEN DAS BESTE

Essen ist Politik oder
Warum ich Bauer werden musste,
um den perfekten Genuss zu finden

Mit 37 Schwarz-Weiß-Abbildungen

PIPER

Mehr über unsere Autoren und Bücher:
www.piper.de

Ungekürzte Taschenbuchausgabe
ISBN 978-3-492-31512-8
Piper Verlag GmbH, München 2019
Oktober 2019
© Westend Verlag GmbH, Frankfurt/Main 2018
Redaktion: Johannes Bröckers
Fotografien: Peter Knaup (Rezeptfotos), Céline Keller (Falkenhof),
Markus Basaler (Umschlag)
Umschlaggestaltung: zero-media.net, München
nach einem Entwurf von Buchgut, Berlin
Satz: Publikations Atelier, Dreieich
Gesetzt aus der Adobe Garamond Pro
Druck und Bindung: CPI books GmbH, Leck
Printed in the EU

Inhalt

Vom Einfachen das Beste
Vorwort von Eckart Witzigmann 7

Schnell, billig, effizient – so muss Essen heut' sein.
Eine Katastrophe! 13

Ein Schwein, das nicht fett sein darf, ist eine arme Sau 21

Sterne schnuppern – Wie der erste Stern zum
Schwarzen Adler kam 45

Star Wars – Mein Aufstieg zu den Sternen 67

Von Vätern und Söhnen 87

Der am besten bezahlte Koch in Deutschland 109

Zurück zu den Wurzeln und ein richtiger Schritt
nach vorn 125

Wer Fleisch isst, sollte Tiere lieben 155

Vom ersten Tag bis zur letzten Stunde 177

Keine Angst vorm Kochen 189
    Endiviensalat mit Kartoffel, Speck und Ei 198
    Lauchgratin 202
    Pot-au-feu 207
    Champignonragout 211
    Die Linsensuppe 214
    Der Graupensalat 218
    Bratkartoffeln mit Garnelen 222
    Rosenkohl 226

Auf dem Weg zu einer ehrlichen Küche 227

Dank 240

Seit fünf Jahrzehnten verbindet mich mit dem Jahrhundertkoch
Eckart Witzigmann eine tiefe Freundschaft.

Vom Einfachen das Beste

Vorwort von Eckart Witzigmann

Liebe Leser, lieber Franz,

viele Kollegen behält man in Erinnerung. Mit wenigen aber teilt man Gemeinsamkeiten, Erlebnisse und Erkenntnisse. Mit Franz und seiner Familie verbindet mich bis heute ein inniges Verhältnis zu Herd und Teller, vor allem jedoch weit darüber hinaus. Ich lernte ihn 1964, in der Zeit, als ich bei den Haeberlins war, als einen rebellischen Jugendlichen kennen. Ich fuhr damals an meinem freien Tag immer wieder mit meinem Rennrad nach Oberbergen, um Franz Keller sen. auf ein Glas Champagner zu besuchen. Franz jun. war damals erst vierzehn und Fritz, sein jüngerer Bruder gerade sieben Jahre alt. Ich kann mich noch gut erinnern, als ich mit Franz jun. im Weinberg saß und er mir erzählte, dass er Koch werden wolle. Er hatte wohl die Gene seiner Mutter Irma aufgesogen. Sie war die erste Sterneköchin in Deutschland und sein Vater Franz Keller sen. war für mich der kompletteste Gastronom, den ich bis dahin kannte. Er war Winzer, Gastronom, Metzger und Weinimporteur. Somit war klar, Franz wird Koch und Fritz eines Tages Winzer.

Als er nach seinen »Wanderjahren« auf Wunsch seines Vaters nach Oberbergen zurückkam, holte er sich die Hummerkarkassen bei den Haeberlins, um eine Soße zu kochen. In Hinblick auf Soßen hatte wahrscheinlich seine Lyoner Zeit bei Paul Bocuse prägenden Einfluss. Er servierte großartige Fischgerichte mit wunderbaren Soßen. Das war auf den ersten Blick einfach oder puristisch – es war »Reduce to the max.«, eine Art Formel, die ziemlich exakt für die Küche von Franz Keller gilt und er erkochte sich zwei Sterne.

Später, als ich schon im Tantris war, nahm ich Franz gerne zu unseren gemeinsamen »Kochevents« mit, wie in der Villa Hammerschmidt, als wir für die englische Königin kochten, oder zu unseren kulinarischen Ausflügen: Sieben deutsche Spitzenköche flogen damals nach China und Hongkong in Begleitung des ZDF, oder unsere Reisen mit »Disciples de Bocuse« in die USA, um nur ein paar zu nennen. Auch die intensiven Diskussionen mit Franz rund um die Produktqualität sind mir bis heute unvergesslich. Er machte natürlich auch gerne »Ausflüge« in andere Geschmackssphären. Von einer Indienreise brachte er die Idee mit, orientalische Gewürze zu integrieren. Simples Curry zum Beispiel, das in der Top-Küche damals eher kein Thema war, mit Quark aber eine kleine Innovation darstellte.

Ich betrachte Franz als einen »Bruder im Geiste«, als kongenialen Mitstreiter, wenn es um Produktqualität und die Philosophie unseres Berufsstandes geht. Soll heißen: Wir begegnen uns als kochende Freunde auf Augenhöhe. Und damit meine ich nicht gelegentliches Schulterklopfen oder ein zögerliches Hallo, sondern tiefgehende Übereinstimmung bei den elementaren Dingen des Lebens. Franz bewegt sich souverän in jener Liga von »Naturalisten«, die den Garten auf den Teller bringen – ohne Schnörkel, dafür mit 100 Prozent Geschmack. Molekular ist und bleibt für ihn ein Begriff aus dem Chemieunterricht. Seine Welt ist die der Röstaromen und nicht die der Dampfgarer. Würden Aufnahmen seiner Gerichte gemacht und der Fotograf hätte einen »Foodstylisten« samt Pinzettenkoffer dabei, der Franz würde sich amüsieren. Denn das wäre der Versuch, Dinge besser aussehen zu lassen, als sie schmecken. Zu jener Zeit hat Johann Willsberger alles dokumentiert. So schnell konnten wir gar nicht kochen, wie er »abgedrückt« hat.

»Back to the roots« taucht pro Jahrzehnt ein- bis zweimal als ultimativ neuer Trend im Journalismus auf. Seit der Franz in Oberbergen ganz selbstverständlich Sellerie- und Petersilienwurzel gekocht hat, ist er in gewisser Weise seinen Wurzeln treu geblieben und brauchte sich nicht immer wieder neu zu erfinden. Was er davon hielte, den Kaiserstuhl nach irgendwelchen Moosen abzusuchen oder essbare Farne in den Tannenwäldern zu zupfen – das müssten Sie ihn schon selber fragen.

Franz Keller, der als angesehener Sternekoch schon vorher gewiss kein Qualitätsverächter war, vollzog damals für sich und anschließend für seine *Adler Wirtschaft* in Hattenheim eine radikale Wende. Eine artgerechte Haltung, die Sicherheit und Qualität seiner Grundprodukte wurden zu zentralen Themen seiner Küche. In den vergangenen 25 Jahren ist Franz Keller auf seinem Weg mit einer Konsequenz vorangeschritten, die seinesgleichen sucht. Nicht der artistische Aufwand zählt heute in der Keller-Küche von Vater und Sohn, denn hier ist das Produkt die eigentliche Kunst und es wäre höchst widersinnig, durch Verkomplizierung beim Kochen von dieser seltenen Qualität abzulenken.

Nicht weit entfernt von seiner *Adler Wirtschaft,* in der mittlerweile sein Sohn Franz jun. als Küchenchef Regie führt, hat er seinen Falkenhof gegründet, wo er seine Rinder und Schweine naturnah und artgerecht selber züchtet. Seine Tiere haben hier ein gutes Leben und den Aufwand, den er betreibt, schmeckt man, wenn sein Fleisch in der *Adler Wirtschaft* auf dem Teller liegt. Wenn Sie Ihr Schnitzel in dem Bewusstsein essen, dass dafür ein ganzes Tier geschlachtet wurde, wissen Sie viel mehr: zum Beispiel, dass Fleisch nicht jeden Tag sein muss und dass andere, oft unterschätzte Stücke wie Kalbsbacken, Ochsenschwanz und Schweinepfoten ebenso Delikatessen sind, wie etwa ein Filet. Man muss sie nur richtig behandeln und zubereiten können! Hier sage ich nur: »Nose to tail!«

In erster Linie möchten die meisten von uns erst einmal ein schönes, saftiges Steak auf dem Teller haben. Und glücklicherweise sind viele wieder bereit, dafür etwas mehr Geld auszugeben und bei einem guten Metzger zu kaufen, der sein Handwerk richtig versteht. Einem Metzger also, der das Fleisch nicht nur perfekt zuschneidet, sondern auch genau weiß, wo es herkommt – und das heißt im Idealfall: von einem Biohof aus der Region, wo Schweine noch suhlen und Rinder frei grasen dürfen. Kurz: Wo Tiere artgerecht leben und nicht nur als Lieferanten abgepackter Massenware dienen.

Vor mehr als zehn Jahren habe ich in einem Interview die Behauptung aufgestellt, der größte Luxus der Zukunft wird sein, den Produzenten seiner Lebensmittel persönlich zu kennen. Heute würde ich ergänzen, beim Wort »Lebensmittel« dem Begriff »Leben« mehr Bedeutung zu schenken. Bedingt durch die inflationären Lebensmittelskandale habe ich vermehrt den Eindruck, dass Lebensmittel mehr und mehr ein Mittel zum Zweck werden. Zum Zweck, sich verantwortungslos und kriminell, schnell die Taschen zu füllen und dabei gesundheitliche Schäden nonchalant zur Kenntnis zu nehmen. Hier ist unser Berufsstand gefragt, laut und deutlich den Finger in die Wunde zu legen und nicht alleine darauf zu vertrauen, dass die chronisch überlasteten Lebensmittelkontrolleure wieder einmal ein schwarzes Schaf auf stinkender Tat erwischen.

Ich halte es für dringend notwendig, dass wir die aktuelle Beliebtheit von Köchen und ihrem Handwerk nicht nur zur Steigerung der eigenen Popularität nutzen, sondern sie auch verantwortungsvoll in den Dienst unserer Lebensmittel stellen. Dazu gehören die Erkenntnis, dass gewisse Produkte nicht unendlich zur Verfügung stehen, und ebenso die unbequeme Wahrheit vom fairen Preis für ein fair produziertes Produkt. Es ist unendlich traurig, dass unsere Überflussgesellschaft Tonnen von Lebensmitteln auf den Müll kippt und in anderen Zonen unseres Planeten Tag für Tag Menschen mangels Nahrung verhungern. Auch das gehört zu unserer Verantwortung und auch hier werden wir uns die Frage gefallen lassen müssen, was wir außer betroffenen Gesichtern dagegen getan haben. Mein scheuer Blick in die Zukunft lässt da jede Hoffnung auf schnelle Besserung sausen und reduziert sich am Ende des Tages auf eine einfache Erkenntnis: Es gibt nichts Gutes, außer man tut es!

Dafür bewundere ich meinen Freund Franz Keller und seine Familie. Denn Franz Keller ist als Kritiker kein Maulheld, der laute Töne spuckt und wartet, bis die Welt eine bessere geworden ist. Er sagt, was er denkt und er tut, was er sagt. Er hat ganz einfach angefangen, die Welt für sich und seine Gäste zu verändern. Ganz einfach? Nein. Vom Einfachen das Beste!

Ich wünsche Franz und seiner Familie alles Gute und weiterhin viel Erfolg und Ihnen – geschätzte Leser – viel Spaß mit diesem Buch.

Ihr
Eckart Witzigmann

Schwein gehabt! Meine Bunten Bentheimer fühlen sich auf dem Falkenhof sauwohl, denn sie leben hier eben noch ein echtes Schweineleben. Das sollte selbstverständlich sein. Schon aus Respekt vor der Kreatur, von der wir leben. Ist es aber nicht. Die vielen Millionen Schweine, die pro Jahr in Deutschlands Mastfabriken produziert werden, haben nie die Sonne oder eine grüne Wiese gesehen.

Schnell, billig, effizient – so muss Essen heut' sein. Eine Katastrophe!

Die Weltbevölkerung nimmt zu. Vor allem an Gewicht. Das ist leider kein Witz, sondern adipöse Realität. Zum ersten Mal in der Geschichte der Menschheit sterben auf unserem Planeten mehr Menschen an Fettleibigkeit und falscher Ernährung als an Hunger. Was hier eigentlich der größere Skandal ist, vermag ich kaum zu entscheiden. Aber Nachrichten wie diese bringen mich in manchen Momenten an den Rand der Verzweiflung. Fast mein ganzes Leben habe ich der Suche nach dem perfekten Genuss gewidmet. Bis hoch hinauf in den kulinarischen Sternehimmel und wieder zurück auf den fruchtbaren Boden auf meinem Falkenhof in Heidenrod-Dickschied im Wispertal, wo ich inzwischen meine Rinder, Schweine und Hühner selbst züchte, weil ich die Qualität, die ich mir auf dem Teller meiner Küche vorstelle, nicht mehr kaufen kann.

Leiden wir inzwischen tatsächlich an einer kollektiven Essstörung? Gemessen an den Kochshows, Küchentalks und Food-Blogs, die sich im TV und in den Social-Media-Kanälen inflationär verbreitet haben, könnte man ja denken, wir Deutschen entwickeln uns allmählich zu einem Volk der Gourmets und Genussköche. Tatsächlich aber läuft der Trend komplett in die entgegengesetzte Richtung: Weg von frisch zubereitetem Essen und hin zu industriell produzierten Fertiggerichten und Lebensmitteln, die ich eher als Sterbemittel bezeichnen würde.

Oder wundert sich noch jemand, warum durch Nahrungsmittelunverträglichkeiten provozierte Allergien und deren Folgeerkrankungen ständig zunehmen? Eine gesunde Ernährung favorisieren zwar die meisten Menschen – doch leider nur in Meinungsumfragen. Die Realität sieht anders aus: Mehr als zwölf Prozent der Deutschen nehmen niemals einen Kochlöffel in die Hand. Über ein Drittel kocht, wenn es hoch kommt, zwei Mal in der Woche. Und während die Promiköche in der Glotze um die Wette witzeln, schaufelt sich eine zunehmende Zahl der Zuschauer offensichtlich Tiefkühlpizza und Fertigfutter aus der Mikrowelle rein oder lässt sich das Fastfood durch unterbezahlte Kuriere vom Lieferservice nach Hause bringen. Schnell, effizient und billig muss das Essen heute sein. Eine Katastrophe! Dafür nehmen wir eine extreme Massentierhaltung in Kauf, die jeden Respekt vor den Tieren verloren hat, die nie das Sonnenlicht oder ein Fleckchen echte Natur gesehen haben. Denken Sie daran, wenn Sie das nächste Mal auf einem zähen Stück Billigfleisch kauen. Sie kauen auf der Todesangst eines auf barbarische Weise gezüchteten und geschlachteten Tieres. Wir akzeptieren mit Gülle überdüngte Böden, die unser Trinkwasser mit Nitrat verseuchen und vergiften unsere mit Monokulturen bepflanzten Äcker mit Glyphosat, obwohl das massive Insekten- und Vogelsterben inzwischen nicht mehr geleugnet werden kann. Wir diskutieren ernsthaft, ob wir nicht schon unsere Grundschulen digitalisieren sollen, aber die Grundlagen einer vernünftigen Ernährung sind an unseren Schulen bis heute ein völlig unterbelichtetes Thema.

Ja, ich weiß, mit Pauschalangriffen dieser Art mache ich mir keine Freunde. Aber die Wut und Traurigkeit, die ich empfinde, wenn ich mir unser gestörtes Verhältnis zum Essen anschaue, muss einfach auch mal raus. Selbst auf die Gefahr hin, dass es so einige geben wird, denen nicht schmeckt, was ich zu sagen habe. Doch damit kann ich gut leben, denn ehrlich gesagt, war ich noch nie einer, der es allen recht gemacht hat.

Im Grunde ist die Sache doch ganz einfach: Der Mensch ist, was er isst. Doch wenn ich über die Qualität und Inhaltsstoffe unserer sogenannten Lebensmittel nachdenke, dann mache ich mir ernsthafte Sorgen. Wir produzieren Unmengen fast inhaltsleerer Nahrungsmittel und davon landen alleine in Deutschland achtzehn Millionen Tonnen pro Jahr gleich wieder im Müll. Mehr als 85 Kilo pro Kopf oder umgerechnet, Lebensmittel für rund 400 Euro im Jahr pro Einwohner vom Baby bis zum Greis. Als Zyniker könnte ich sagen, »gut so, da gehört ein Großteil des Industriefoods aus unseren Supermarktregalen auch wirklich hin«. Doch ich bin kein Zyniker. Es tut mir in der Seele weh, wenn ich den Niedergang unserer Ess- und Kochkultur in den letzten Jahrzehnten beobachte. Wir sind dabei, unsere Zeit zum Kochen und für eine vernünftige Ernährung wegzurationalisieren. In unseren nach strengen Zeitplänen getakteten Lebensentwürfen ist offensichtlich kein Platz mehr für eine selbst zubereitete Mahlzeit. In diesem alten Wort steckt eine tiefe Wahrheit: Die Zeit, die wir uns nehmen müssen, um ein gutes Essen zuzubereiten und gemeinsam zu genießen. Denn neben der überlebenswichtigen Zufuhr von Kohlenhydraten, Fetten, Proteinen, Vitaminen und Mineralien, hat Essen eben auch eine sehr wesentliche soziale Funktion. Liebe geht durch den Magen, schon mal gehört diesen Spruch? Mich wundert es jedenfalls nicht, dass Ehen und Familien heutzutage immer häufiger scheitern, wenn wir noch nicht mal mehr in der Lage sind, uns einmal am Tag für eine Stunde am Tisch zu versammeln, um gemeinsam zu essen. (Okay, diesen Satz werden mir jetzt meine eigenen Kinder sofort um die Ohren hauen, die ich in all den Jahren, die ich im Sterne-Zirkus für meine Gäste geopfert habe, sträflich vernachlässigt habe. Höchste Zeit, euch alle mal um Verzeihung zu bitten.) Trotzdem, ich kann die gängigen Argumente nicht akzeptieren, wonach die hohe Arbeitsbelastung und der zunehmende Stress die Gründe dafür sein sollen, dass wir keine Zeit mehr haben, um vernünftig zu kochen und gemeinsam zu essen. Ich habe das noch mal nachgelesen: Der Durchschnittsdeutsche verbringt noch immer pro Tag mehr als 220 Minuten vor dem Fernseher. Und die Zeit, die wir im Netz oder mit Online-Medien wie Facebook, Twitter und Co verbringen, ist da noch nicht einmal mitgerechnet. Leute, das ist doch total meschugge! Eine Stunde weniger Medienkonsum und dafür ein leckeres Essen gemeinsam mit Familie oder Freunden gekocht und gegessen, das ist nicht nur wesentlich kommunikativer und gesünder, sondern auch preiswerter. Und zwar nicht nur für den privaten Geldbeutel. Die Kosten, die aufgrund von falscher Ernährung für unser Gesundheitssystem anfallen, liegen inzwischen bei jährlich rund siebzehn Milliarden Euro. Deshalb behaupte ich: Essen ist Politik. Alles, was in Sachen Mangel- oder Überflussernährung falsch läuft, haben wir uns selbst eingebrockt. Und es liegt an uns, die Dinge zum Besseren zu verändern. Ich will und kann nicht akzeptieren, dass Geschmacksverstärker uns weiterhin eine Illusion von gutem Essen vorgaukeln, aber in Wahrheit unseren Gaumen ruinieren. Dass wir verlernen, wie gutes Essen wirklich schmeckt oder wie wir ein solches Essen zubereiten können.

Fast noch mehr nervt mich, dass man heute übers Essen nur noch in hysterischen Extremen reden kann. Auf der einen Seite wird in immer kürzeren Abständen ein neuer modischer Ernährungstrend nach dem anderen durchs mediale Dorf getrieben – Low Carb, makrobiotisches Functional Food, Superfood, Clean Eating, Paleo, wie in der Steinzeit, oder noch besser, gleich in Pulver- oder Pillenform mit plakativen Gesundheits- und Hochleistungsversprechen. Auf der anderen Seite verstricken sich Veganer, Vegetarier, Flexitarier oder auch Old-School-Fleischfresser immer weiter in wahren Glaubenskriegen. Es gibt nur noch Gut oder Böse, Schwarz oder Weiß, aber vor allem eine Menge Ratlosigkeit darüber, was man überhaupt noch essen darf. Esst endlich wieder normal! Lasst uns doch mal etwas entspannt und sachlich besprechen, wie es mit unserer Ernährung weitergehen soll. Und anstatt uns gegenseitig die Ohren mit skurrilen bis ideologischen Debatten zu verstopfen, sollten wir wieder lernen, auf unseren Körper zu hören, der uns ziemlich genau erzählen kann, was er gerade braucht und was nicht.

Seit mehr als fünfzig Jahren beschäftige ich mich mit großer Leidenschaft mit der Zubereitung erlesener Gaumengenüsse und einer guten wie bekömmlichen Küche. Das hat sehr viel mit echtem Handwerk zu tun, natürlich auch mit Kreativität und mit der Lust, die kulinarischen Geschmackshorizonte immer wieder zu erweitern. Doch der Kern, der wesentliche Faktor für ein gutes Essen, ist die Qualität der Grundprodukte. Darauf kommt es an. Schon vor gut zwanzig Jahren habe ich genau aus diesem Grund in meinem Leben eine radikale Kehrtwende vollzogen. Damals habe ich meine *Adler Wirtschaft* in Hattenheim im Rheingau eröffnet und gleichzeitig einen Brief an Michelin Deutschland und meine um die 900 Stammgäste geschrieben, dass ich in Zukunft lieber ohne Sterne kochen möchte, um frei zu sein und genau das zu tun, was ich für richtig halte. Beste Grundprodukte, deren nachhaltige Qualität ich nicht nur beurteilen, sondern am besten in allen Phasen selbst kontrollieren und erzeugen kann.

Schon damals war in meinen Augen auch die elitäre Sterneküche auf einen falschen Weg geraten, den ich nicht weiter mitgehen wollte. Auf sehr traurige Weise hat mich 2003 der Selbstmord meines alten Freundes aus Pariser Zeiten Bernard Loiseau in dieser Einschätzung bestätigt. Ich lernte Bernard Anfang der siebziger Jahre in Paris kennen. Er kochte in der *Barriere de Clichy* und ich im *Le Pot-au-Feu* bei Michel Guérard. Nach unserer Schicht zogen wir damals als junge Kerle gerne um die Häuser und malten uns die Zukunft aus. Wir haben extrem hart gearbeitet und waren stolz darauf, zur kulinarischen Elite zu gehören. »Ich will und werde einer der besten Köche werden«, schwärmte mir Bernard immer wieder von seinem Lebenstraum vor. »Drei Sterne im Michelin, das ist mein Ziel.« Er hat es geschafft. Er wurde zu einem der besten Köche Frankreichs und der erste an der Börse notierte Küchenchef. Doch als der Gault-Millau ihm ein paar Punkte abzog und das Gerücht aufkam, dass auch der Michelin ihm einen seiner Sterne nehmen wollte, erschoss er sich mit seinem Jagdgewehr. Als Außenstehender mag man das für die extreme Tat eines Besessenen halten, der Bernard auch ohne Zweifel war. Er war ein Idealist, der für seine Kunst gelebt und im wahrsten wie tragischsten Sinne alles gegeben hat. Aber es ist ein schmerzhaftes Beispiel dafür, unter welch enormen Druck die Sterneköche auch heute stehen. Nicht nur kulinarisch, sondern eben auch ökonomisch. Denn es genügt ja nicht, ein exzellenter Koch zu sein. Wer in der Sterne-Manege zaubern und punkten will, muss einen extremen Aufwand betreiben. Ambiente, Ausstattung, Tischgeschirr, das ganze Brimborium drum herum, spielen bei der Beurteilung eine wichtige Rolle, selbst wenn die Restaurantkritiker immer wieder behaupten, dass sie ausschließlich die Qualität des Essens beurteilen. Das System ist aus den Fugen geraten und hat sich von den ursprünglichen Lehren der Nouvelle Cuisine und einer wahren großen Küche weit entfernt. Die durchaus notwendigen exorbitanten Preise stehen in meinen Augen sehr oft in keinem Verhältnis zur Qualität der verwendeten und zur Verfügung stehenden Grundprodukte. Um das zu sehen, muss man schon ein Stückchen weiter über den schön dekorierten Tellerrand hinausschauen. Was nutzt die tollste Küche, wenn beispielsweise das Fleisch aus keiner guten Tierhaltung stammt oder gar mit Medikamenten, Gentechnik oder Hormonen manipuliert wurde? Mal ganz abgesehen davon, dass man mit einem Sternerestaurant alleine heute kein Geld mehr verdienen kann. Deshalb müssen sich ja gerade die Spitzenköche oder die, die meinen dazuzugehören, in Kochshows tummeln, Kochseminare geben oder ihre Drei-Sterne-Restaurants gleich von Sponsoren tragen lassen, um überhaupt so arbeiten und überleben zu können.

Auch das war einer der Gründe, warum ich damit angefangen habe, mir Schritt für Schritt die Freiheit zu erarbeiten, meinen eigenen Weg zu gehen: »Vom Einfachen das Beste.« So habe ich das mal ursprünglich schon viel früher in meinen Kölner Zeiten getauft. Für diese Idee meiner Küche bin ich in gewisser Weise noch einmal an den Anfang zurückgegangen und vom blank gewienerten Sternehimmel dann letztendlich auf meinem Falkenhof gelandet – manchmal knöcheltief im Mist. Genuss fängt eben nicht auf dem Teller an, sondern weit davor. Manchmal denke ich, in einer fernen Zukunft wird man auf die Menschheit unserer Tage so zurückblicken, wie wir heute auf die Dinosaurier. Dann wird man sagen, »die Menschen damals konnten sich nicht schnell genug an die veränderten Umweltbedingungen anpassen«. Mit dem kleinen Unterschied, dass wir noch dümmer als die Dinos sind, weil wir gerade mit rasantem Tempo dabei sind, uns unsere Lebensgrundlagen selbst zu zerstören. Ich tauge gewiss nicht zum Chefkritiker und Weltverbesserer und alles, was ich tue, mache ich im Grunde für mich. Von meinem Sohn, der inzwischen der Küchenchef und Patron in unserer *Adler Wirtschaft* ist, darf ich mir immer wieder anhören: »Du bist ein Idealist. Dir ist es am Ende scheißegal, wie sich das rechnet. Wenn du sagst, du willst es so machen, dann machst du es so und ziehst es durch. Ich will in meiner Küche ein gutes Produkt anbieten und möchte von dem leben, was wir machen.« Das ist ein guter Plan. Ich bin sehr glücklich darüber, dass Franz Keller jun. in die *Adler Wirtschaft* eingestiegen ist und wir gemeinsam dasselbe Ideal verfolgen. Und es ist gut, dass er mich immer mal wieder daran erinnert, dass wir auf dem Weg zu einer ehrlichen wie nachhaltigen Küche nicht selber vor die Hunde gehen dürfen. Essensqualität und Lebensqualität gehören unbedingt zusammen. Wir sind noch nicht am Ziel unserer Wünsche und Träume, aber auf einem guten Weg dorthin.

Ein Schwein, das nicht fett sein darf, ist eine arme Sau

Tatsächlich könnte man denken, dass ich heute genau dort wieder angekommen bin, wo ich einmal angefangen habe: in einem kleinen landwirtschaftlichen Familienbetrieb. Ist mein Leben heute also als Rückgriff auf die familiäre Tradition zu verstehen? Nicht wirklich. Sicher, ohne diese frühe Prägung und dem damit verbundenen Wissen, wäre ich wahrscheinlich nicht auf die Idee gekommen, meinen eigenen Hof zu gründen. Aber Tradition habe ich noch nie als ungebrochenes Festhalten an alten Werten verstanden, sondern eher als einen Ausgangspunkt für Innovation und Weiterentwicklung. Ich würde auch den Satz nicht unterschreiben, wonach früher alles besser war. Das stimmt einfach nicht. Ein kleiner Landgasthof mit landwirtschaftlichem Betrieb in den frühen fünfziger Jahren des letzten Jahrhunderts in Obergergen am Kaiserstuhl lässt sich mit heute einfach nicht vergleichen. In Bezug auf unser Verhältnis zum Essen ist ein kleiner Rückblick trotzdem interessant.

Ich bin tatsächlich in einer Gasthausküche aufgewachsen. In einer Familie, in der es noch kein Wohnzimmer gab. Der private Familienbereich unseres Hauses waren lediglich die Schlafzimmer. Unser Wohnzimmer war die *Adler Wirtschaft* und die Küche der wichtigste Raum im ganzen Haus. Ursprünglich hatte mein Großvater den *Schwarzen Adler* vor der vorletzten Jahrhundertwende gekauft. Der war damals ein einfacher Weinhändler und als Ende des 19. Jahrhunderts die Bahn am Kaiserstuhl gebaut wurde, hatte der Großvater einen richtigen Gedanken: »Wenn jetzt die Bahn kommt, dann kommt auch der Wohlstand.« Also erwarb er die ehemalige Poststation der Österreicher, die zwischenzeitlich auch mal eine Badeanstalt gewesen war, damals die höfliche Umschreibung für ein Bordell. Das jedenfalls war der Anfang unseres Stammhauses, dem *Schwarzen Adler* in Oberbergen/Vogtsburg, den alle immer nur die *Adler Wirtschaft* nannten. Ich kannte den Großvater nicht und weiß das alles nur aus den Erzählungen meiner Oma, ohne die das alles heute nicht wäre. Sie war damals 24, als sie meinen Großvater geheiratet hat, der vierzig Jahre älter war. Man kann sich vorstellen, dass es sich dabei nicht unbedingt um eine Liebesheirat handelte. Es war eher ein großer Skandal: In den zwanziger Jahren des letzten Jahrhunderts, in einem Dorf mit knapp 600 Einwohnern, heiratet ein alter Knacker ein junges Mädchen. Wie es überhaupt dazu kam, hat mir die Oma mal erzählt. Sie war die dritte Frau meines Großvaters. Seine erste Frau, eine Französin, war ihm in den Wirren des Ersten Weltkrieges abgehauen und seine zweite Frau, ein Schwabenmädchen, war früh im Kindsbett gestorben. Eines Tages jedenfalls saß der inzwischen sechzigjährige Großvater auf dem Klo im Häuserl hinterm Misthaufen und las in der Zeitung. Und vor dem Misthaufen standen seine beiden Schwestern und redeten darüber, wer mal das Haus und wer die Reben erben würde, wenn der Alte mal nicht mehr wäre. Als der Großvater das hörte, dachte er sich, ich muss noch mal was tun, um einen Nachfolger für das zu haben, was ich geschaffen habe. So kam es zu dieser Verbindung. Der Großvater starb 1930, als mein Vater gerade drei Jahre alt war. Und Oma hatte eine harte Zeit durchzustehen. Kein Mensch im Dorf wollte etwas mit ihr zu tun haben. Sie wurde geschnitten und musste den Laden auch in den folgenden Kriegsjahren alleine zusammenhalten. Zum Glück hatte sie zwei Franzosen und einen Polen als Zwangsarbeiter, die Franzosen blieben und beschützten sie, als die Befreier kamen. Sehr tough, so würde man diese von den schweren Lebensumständen geprägte Frau heute bezeichnen, die auch meinen Vater ziemlich streng erzogen und hart rangenommen hat. Heute denke ich, mit ihrer Strenge hat sie ihn auch für etwas büßen lassen, was der Großvater ihr angetan hat. Mein Vater wäre gerne Koch geworden, doch in Omas Augen war Koch kein seriöser Beruf, weshalb Vater eine Lehre bei einem jiddischen Metzger begann, der sich allerdings vor allem auf den Viehhandel spezialisierte hatte. Und so lernte mein Vater schon sehr früh, wie ein guter Kuhhandel funktioniert. Der Handelstag war immer der Montag, aber die Tiere wurden oft schon ab dem Freitag in den Schlachthof gebracht. Zum Teil auch mit dem Zug von weiter her und dann wurden sie über so eine Rampe in den Schlachthof getrieben. Mein Vater hat also nur mit lebenden Tieren gehandelt. Kühe hatten wir nur auf dem Hof, wenn Vater sie dort zwischenparkte, weil die Fleischpreise am Markt gerade im Keller waren oder es vierzehn Tage vor den Festtagen war. Dann standen im Gaststall eben auch mal dreißig Rinder für zwei Wochen und mein Vater hat gewartet, bis der Preis wieder hochging. So hat er sein erstes Geld gemacht. Doch der Chef war damals immer noch die Oma. Sie hat auch die Kasse in der Wirtschaft gemacht, war am Abend immer die Letzte und hat den Geldbeutel mitgenommen und unters Kopfkissen gelegt. Mein Vater war schon verheiratet und hat noch kein eigenes Geld im Betrieb verdient. Das kann man sich heute nicht mehr vorstellen.

Das Einzige, was wir wirklich dauerhaft hatten, waren Hühner und Kaninchen. Die Hühner erst mal nur für die Eier, die Kaninchen fürs Fleisch. Und dann gab es noch drei Schweine. Als kleiner Junge habe ich so den perfekten Recycling-Kreislauf kennengelernt. Bei uns wurde nichts weggeschmissen und wehe, du hast mal ein Stück altes Brot in die falsche Tonne geworfen. Da gab's was hinter die Löffel. Es wurde alles verwertet. Die Reste wurden wieder an die Schweine verfüttert und das gab wieder Fleisch. In meinen Kindertagen wurden die größeren Nutztiere, Rinder und Pferde, ja auch noch in mehrfacher Weise genutzt. Die mussten erst mal sechs, sieben Jahre lang Milch geben, Kälber bringen oder wie die Ochsen und Pferde die Karren ziehen und dann hat man sie noch gegessen. Deshalb musste das Fleisch ja dann auch so lange abgehängt werden, damit es wieder weich und genießbar wurde. Man hat doch früher keine jungen Tiere geschlachtet! Die Kühe haben erst mal Milch produziert und aus den männlichen Rindern hat man entweder Ochsen gemacht oder als kleinste Kälber an den Metzger verkauft. Sie waren eben als reine Fresser verpönt, weil sie nur die kostbare Milch weggesoffen haben. Irgendwann waren auch die Milchkühe dran, die nichts mehr gebracht haben. Der Anteil der Jungtiere war jedenfalls sehr gering. Und wie haben wir es mit dem »Tierwohl« gehalten? Ich glaube, dieses Wort war damals noch nicht erfunden. Schon in meiner Kindheit ist mir aufgefallen, dass nur Menschen, denen es selbst halbwegs gutgeht, auch mit ihren Tieren einigermaßen gut umgehen. Wir sind sehr egoistisch, was das betrifft. Wir haben kaum Platz oder Zeit übrig, um uns Gedanken zu machen, wie es wohl den Tieren geht, die uns anvertraut sind und die wir in unserem Sinne nutzen, ob nun als Arbeitstiere oder als Lieferanten für Milch und Fleisch. Mein Vater hat als Viehhändler und Metzger den Grundstein für die *Adler Wirtschaft* gelegt, aber der hat sich doch keine Gedanken um das Wohlergehen der Tiere gemacht. Außer beim Fressen, da hat er sehr genau darauf geachtet, dass sie die richtige und notwendige Ernährung kriegen. Das Verhältnis zu den Tieren war von einer sehr pragmatischen und einer ganz selbstverständlichen Dominanz des Menschen über das Tier geprägt. Ich war ja als Junge immer ganz nahe dabei. Keiner wäre auch nur auf den Gedanken gekommen, dass Tiere auch Ängste oder Stress haben könnten. Diesen Gedanken musste man noch nicht einmal verdrängen oder ausblenden, es gab ihn einfach nicht.

Ich spielte von klein auf mit den Hauskaninchen, die die Großmutter im Hühnergarten züchtete. Aber ich hatte auch kein Problem damit, beim Töten und Schlachten zuzuschauen. Im Gegenteil: Ich war super stolz, als ich als kleiner Pimpf den ersten Hasen mit einem kräftigen Genickschlag töten und unter der Aufsicht der Oma auch ausnehmen durfte. Das war so selbstverständlich wie das Köpfen der Hühner und Hähne. Auch bei den größeren Schlachttieren ging es bestenfalls darum, darauf zu achten, sich selbst nicht in Gefahr zu bringen. Die Rinder und Ochsen wurden damals in unserem Schachthaus an den Hinterbeinen festgebunden und mit einer Seilwinde lebendig so hochgezogen, dass sie mit den Vorderhufen gerade noch den Boden berührt haben. Sie konnten sich dann weder bewegen noch sonst wie wehren und wurden schnell, präzise und mit ruhiger Hand mit einem Bolzenschuss getötet. Mein Platz war an der Winde. Hochdrehen im Schnellgang. Noch bevor ich in die Volksschule kam, durfte ich schon mein erstes Kalb schießen und das Blutrühren war sowieso eine meiner wichtigsten Aufgaben, wenn Schlachttag war.

Auch die Schweine lebten bei uns nicht sonderlich komfortabel. In den damals üblichen kleinen und düsteren Ställen gab es keine Tränke. Das Futter wurde so feucht gemacht und zusammengestellt, dass es genau richtig war. Das hatte den Vorteil, dass die Futtertröge immer blitzsauber geleckt waren. Weil nur einmal in der Woche gemistet wurde, standen die Schweine Anfangs zwar in viel Stroh, aber gegen Ende der Woche eben doch in ihren Exkrementen. Schon damals habe ich beobachtet, dass sie immer zunächst nur eine Ecke ihres Stalls dafür genutzt haben, um möglichst lange trocken zu liegen. Ihr Festtag war wohl nur immer der eine Tag in der Woche, an dem der Stall gemistet wurde und die Schweine frei im Hof herumstreunen konnten. Das klingt nun nicht sonderlich romantisch und das war es auch nicht. Es kam mir vollkommen natürlich vor. Wir lebten mit unseren Tieren, mit den Reben, dem Boden in einem sehr überschaubaren, gut funktionierenden Verwertungskreislauf. Unsere Tiere hatten keine Namen und wurden nicht verwöhnt, aber sie wurden mit Respekt betrachtet, denn wir wussten, dass wir ihnen unser Überleben zu verdanken haben. Das ist der große Unterschied zu heute: Wir verhätscheln unsere Haustiere und bestricken unsere Schoßhündchen mit Pullovern, aber die Nutztiere, von deren Fleisch, Proteinen und Energie wir leben, behandeln wir wie den letzten Dreck. Wir verbannen sie aus unserem Leben in riesige Zucht-, Mast- und Schlachtbetriebe. Die Lebensbedingungen, oder sagen wir besser die Produktionsbedingungen, die diese Tiere erleiden müssen, werden unserer Alltagswahrnehmung bewusst entzogen. Wir nehmen nur noch das abgepackte Schnitzel im Tiefkühlregal wahr und glauben vielleicht auch noch ernsthaft, wir könnten auf diese Weise ein gutes und gesundes Stück Fleisch produzieren. No way!

Ich habe meinen Vater als Kind manchmal begleitet, wenn er zu den Bauern fuhr, um deren Vieh zu begutachten. Da standen dann die kleinen Kälber, die nicht zur Aufzucht bestimmt waren, ein paar Meter von der Mutterkuh entfernt, mit einem Strick angebunden und warteten auf das zwei bis drei Mal am Tag zugelassene Milchsaufen an Mamis Euter. Mindestens jedes zweite Mal wurde dann vorher auch noch gemolken, schließlich wollten die Bauern ja auch noch Milch verkaufen. Mein Vater prüfte dann die Größe und optimale Rundheit und schimpfte nicht selten mit den Bauern, wenn die wieder mal zu geizig waren, zu viel Milch verkauft hatten und das Kalb zu dünn und mager war. Natürlich hatten alle Kälber auch den obligatorischen Maul-

Auf dem Falkenhof bleibt die Milch meiner Mutterkühe
ausschließlich ihren Kälbern vorbehalten.

korb an, damit sie kein Gras fressen konnten, denn ihr Fleisch sollte ja weiß bleiben. Die Kälber hatten damals kaum zehn Wochen bis zur Schlachtung und wogen gerade mal um die fünfzig Kilo. Von so einer Kalbfleischqualität sind wir heute sehr, sehr weit entfernt. In unseren Tagen würde man jeden für verrückt erklären, der ein Kalb in dieser Größe schlachten würde. Das, was heute mit ganz wenigen Ausnahmen als Kalbfleisch auf dem Markt ist, hat ja mit Kalbfleisch im ursprünglichen Sinne nichts mehr zu tun. Für das Industrie-Kalbfleisch werden die im Turbotempo hochgemästeten Kälber bis zu 250 Kilo schwer und sie werden bis zur Schlachtung künstlich im Eisenmangel gehalten, damit das Fleisch schön hell bleibt und nicht rot wird. Die Mastkälber leiden also unter einer ständigen Mangelernährung, nur um zu vertuschen, dass sie längst keine natürlichen Kälber mehr sind und, um das Märchen vom hellen Kalbfleisch aufrechtzuerhalten. In meiner Kindheit war der Umgang mit den Tieren vielleicht ruppig, aber auf eine Art auch sehr ehrlich. Heute lügen wir uns die Taschen voll und blenden die üblen Bedingungen der Fleischproduktion einfach aus. Rund neunzig Prozent der deutschen Schweine werden in industriellen Mastfabriken großgezogen, sechzig Millionen Stück pro Jahr! In Deutschland wird das billigste Fleisch in ganz Europa produziert und das auf Kosten der gequälten Kreatur. In circa fünf bis sechs Monaten maximal wird ein kleines Ferkel auf ein Schlachtgewicht von achtzig bis neunzig Kilogramm hochgefüttert. Schnellste Gewichtszunahme ist gefragt. Kaum Platz, um sich zu bewegen. Leben, nein, vegetieren in den eigenen Exkrementen und keine trockenen Plätze, um sich abzulegen. So ergeht es Schweinen in der Mastfabrik. Dabei sind Schweine sehr empfindliche Tiere mit einem unglaublich feinen Geruchssinn und hoch entwickeltem Sozialverhalten. Der Stress, den wir ihnen mit diesen Produktionsbedingungen bereiten, macht es dann notwendig, ihnen die Ringelschwänze trotz

EU-Verbotes auch weiterhin abzuschneiden. Sie würden sich sonst aus purer Not und mangels anderer Beschäftigungsmöglichkeiten gegenseitig daran verletzten. Die Folge wären gefährliche Infektionen, welche die übliche Quote an verendenden Tieren während der Mast weiter in die Höhe treiben würden. Ganz im Sinne des Wirtschaftsplans der Mastbetriebe muss dann also der Schwanz ab und basta. Wen interessiert das schon? Es findet ja im Verborgenen statt. Tageslicht, frische Luft, alles künstlich und nur so viel wie gerade notwendig. Außenaufzucht? Um Gottes willen! Viel zu gefährlich und zu teuer für das Mastergebnis. Die Hybridschweine der heutigen Zeit sind in ihrer überzüchteten Angepasstheit so empfindlich geworden, dass sie bei nasskalten Wetterperioden krank werden oder sich bei Sonnenschein sofort einen Sonnenbrand holen würden, weil man ihnen längst das Borstenkleid weggezüchtet hat, denn ohne Borsten ist das Schlachten schneller und damit viel billiger. Diese armseligen Tiere sind nur kleine lebendige Rädchen in hocheffizient organisierten Mastfabriken, die pro Monat bis zu 10 000 Schweine zur Schlachtreife entwickeln. Auf 2 000 Mastplätze kommt hier gerade mal ein Arbeiter – der Rest läuft vollautomatisch. Inklusive der Vernichtung kleinbäuerlicher Betriebe zum Beispiel in Rumänien, weil wir hier in Deutschland das Fleisch viel billiger produzieren, als die Bauern vor Ort und inzwischen rund zwanzig Prozent für den Weltmarkt exportieren. Ein tolles Geschäft. Wir ruinieren kleine und mittlere landwirtschaftliche Betriebe, produzieren mehr, als wir selber fressen können, und zerstören dabei auch noch unsere Umwelt. Das ist doch pervers!

Diese Entwicklung ist maßgeblich durch die deutsche und europäische Politik gesteuert. Neulich habe ich mit Kollegen aus der Schweiz gesprochen und denen habe ich gesagt: »Ihr macht es richtig. Ihr schützt eure Landschaft, ihr schützt eure Betriebe und eure Tiere und habt dadurch tolle Produkte.« In der Schweiz kann ein Bauer noch mit vierzig Milchkühen überleben. Bei uns braucht man etwa das Zehnfache an Vieh, um über die Runden zu kommen. Das müssen wir abstellen. Ich habe hier einen Freund, einen Bauern, der mir auch hilft mit seinen Maschinen. Wenn ich mit dem unter vier Augen rede, dann geht es auch gerne mal ans Eingemachte. Der hat inzwischen einige andere Höfe verdrängt. Es gibt noch genau drei Stück hier in meiner Gegend, die überleben können, in einem Umkreis von siebzig Quadratkilometern. Es geht doch hier schon lange nicht mehr um Tier- oder Landschaftsschutz, es geht nur noch um reine Gewinnmaximierung, die aber – und so pervers ist es nun mal – auch noch immer geringer ausfällt, je mehr wir produzieren!

Mein Freund, der Bauer, hat heute riesige Stallungen und hat neulich aus Brüssel Kohle für mobile Hütten bekommen, in denen die Schweine sich jetzt auf Strohplätze zurückziehen können – aber ihm ist auch klar, dass er keinen Cent mehr bekommt für seine Schweine, nur weil sie jetzt ein besseres Leben haben. Das gibt der Markt nicht her und es ist politisch nicht gewünscht. Es ist noch gar nicht so lange her, dass die Flächenbindung für Mastbetriebe aufgehoben wurde. Bis 2008 durfte ein Betrieb nur so viele Schweine züchten, wie er Flächen zur Verfügung hatte, um die entstehende Gülle auszubringen. Seit 2008 gilt diese Regel nicht mehr, abgeschafft vom damaligen Landwirtschaftsminister Horst Seehofer. Zehn Jahre später haben wir ein riesiges Nitratproblem im Wasser. Rund fünfzig Prozent aller Trinkwasser-Messstellen in Deutschland weisen inzwischen eine zu hohe Nitratbelastung aus. Ein Skandal. Und man kann jetzt schon erahnen, wie das Ganze ausgeht. Die Wasserpreise werden drastisch steigen, weil das Wasser viel aufwändiger gereinigt werden muss. Sein aktueller Nachfolger, Landwirtschaftsminister Christian Schmidt, hat gerade in Brüssel für die Genehmigungsverlängerung des Unkrautvernichters Glyphosat gestimmt.

»Rein sachorientiert,« wie der Minister betonte, dafür aber im Alleingang und entgegen der Absprachen mit dem deutschen Umweltministerium. Ich frage mich, ob der gute Mann die Folgen seines Votums tatsächlich auf »seine Kappe« nimmt, wenn wir in weiteren fünf bis zehn Jahren feststellen, dass wir Artenvielfalt und Biodiversität weiter dramatisch dezimiert haben. Wenn ich als Bauer auf der Weide stehe und meine Rinder beobachte, dann frage ich mich schon, welche Fakten und Interessen den Sachverstand unseres Landwirtschaftsministers bei dieser Entscheidung geleitet haben. An Kleinbauern wie mich hat er sicher nicht gedacht. Eher schon an die Fusion des deutschen Bayer-Konzerns mit dem US-Konkurrenten Monsanto: Kaufpreis schlappe 66 Milliarden Dollar. Da wäre es natürlich blöd, wenn ausgerechnet Glyphosat, einer der derzeitigen Topseller des Unternehmens, europaweit verboten würde. Dass bei diesen Summen Monsanto selbst Wissenschaftler und Studien gesponsert hat, die die Unbedenklichkeit des Unkrautgiftes bestätigen sollten, wundert mich ehrlich gesagt nicht. Und auch das ist ja hinlänglich bekannt: In Brüssel kommen auf einen Politiker ungefähr zwanzig Lobbyisten. Und die sorgen schon dafür, dass der Markt immer weiter nach einem bewährten Prinzip funktioniert. Die Massentierhalter und Großproduzenten machen die Gewinne, aber die Folgen für Umwelt und Gesundheit bezahlen die Bevölkerung und der Steuerzahler. Würde man nach dem Verursacher-Prinzip alle Kosten ehrlich aufrechnen, könnte auch die vollautomatische Mastfabrik niemals ein Kilo Schweinefleisch zu einem Erzeugerpreis von derzeit gerade mal 1,60 Euro produzieren. Und diese Verursacherkosten werden weiter steigen, wenn wir nicht eine radikale Kehrtwende einleiten. Aber vielleicht kriegen wir unser Fleisch ja demnächst auch auf Rezept aus der Apotheke und die Krankenkasse bezahlt. Als kleine Schluckimpfung. Immerhin werden inzwischen siebzig Prozent aller Antibiotika in Deutschland in der

Tiermast eingesetzt, rund 800 Tonnen pro Jahr oder 150 Milligramm pro Kilo Fleisch. Aktuell halten jetzt sogar die letzten Reserve-Antibiotika Einzug in die Mastbetriebe. Ein Wahnsinn. Warum finden wir wohl schon in Fleischproben aus dem Supermarkt multiresistente Keime? Das ergibt einfach keinen Sinn. Reden wir hier noch über Tierwohl? Ich finde, es wird langsam auch für uns selbst verdammt gefährlich.

All diese traurigen Zahlen und Fakten sind ja kein Geheimwissen, sondern öffentlich nachzulesen. Und trotzdem bewegt sich wenig. Unsere Zuneigung zum Fleisch als Hauptmahlzeit ist weiterhin stark ausgeprägt. Noch immer essen über neunzig Prozent der Deutschen mehrmals in der Woche Fleisch und Wurst. Warum ist das so? Ich habe da einen Verdacht. Wenn heute von Schlemmen gesprochen wird, denke ich oft, ihr habt doch alle keine Ahnung. In den 1960er Jahren haben die Leute wirklich gefressen. Ich habe damals immer gedacht, das wäre völlig normal. Erst mit der Zeit habe ich verstanden, dass für diese Leute, die zwei Kriege überlebt und die den Hunger am eigenen Leib erfahren hatten, Essen noch eine viel tiefergehende Bedeutung hatte. Wenn Schlachtfest war, dann haben sich alle, auch meine Großmutter, die Wampe so voll gehauen, bis sie einen Schnaps brauchten. Sie waren betrunken und haben sich des Lebens gefreut. Nach dem Schlachtfest hatten wir immer Sauerkraut übrig, Kartoffelbrei und von der Leberwurst. Von der frischen Blutwurst und vom Fleisch wurde alles gegessen, aber von der Leberwurst, die eines der Produkte ist, die beim Schwein immer anfällt, weil du so viel Fett hast, blieb immer was übrig. Meine Oma hat dann am nächsten Tag ihr Krautleimen gemacht. Das Wort kommt eigentlich vom Fachwerkbau. Da wurden zwischen den Balken Weiden gespannt, also verflochtene Weidenmatten, und dann wurde Lehm und Stroh vermischt und dazwischen geschmiert. Für ihre Krautleimen vermischte Oma den Kartoffelbrei mit dem

Sauerkraut und dann wurde geschichtet: eine Schicht Kartoffel-Sauerkraut-Brei, eine Schicht Leberwurst und oben drauf noch eine Schicht puren Kartoffelbrei. Die so geschichteten Kraut-Leimen kamen dann in den Backofen und wurde fertig ausgebacken. Eigentlich war dieses Gericht ein Abfallprodukt, aber ein super Essen, zu dem es einen schlichten Feldsalat gab. Und wenn dann immer noch was von der Leberwurst übrig war, hatte Oma ein weiteres Spezialrezept. Zunächst hat sie die Leberwurst erhitzt und in ein Sieb gepackt, damit das Fett rauslaufen konnte. Mit dem Fett wurde dann Wirsinggemüse oder Rosenkohl zubereitet. Die so etwas trockener gewordene Leberwurstmasse hat sie dann mit zehn Eiern zu einem Kuchen verarbeitet, der dreißig Minuten gebacken wurde. Der fertige Leberwurstkuchen wurde in Stücke geschnitten und dazu gab es dann natürlich mehlig kochende, aufgeplatzte Pellkartoffeln, die wiederum mit frischer Butter und Salz auf einfachste Weise verfeinert wurden.

So ging das jahrelang in Oberbergen nach den Schlachtfesten und es wurde immer alles fein säuberlich weggeputzt. Nichts außer den Schweinefußkappen und den abgeschabten Borsten wanderte damals noch auf den Misthaufen. Auch die Knochen wurden zermahlen und den Hühnern zum Fraß vorgelegt und selbst die Spitzen der Schweinefußkappen wurden noch zum Reinigen der Därme für die Würste verwendet. Die ursprüngliche Küche und die angeschlossene Metzgerei im *Schwarzen Adler* hat sich an dem orientiert, was wir gerade hatten, und war ein echter Verwertungsbetrieb. Diese Art der Küche ist wirklich kreativ. Wobei kreativ in diesem Fall auch bedeutet, aus sehr wenig oder gar nichts etwas Leckeres zu machen. Ein Prinzip, das sich ganz wunderbar auch im Alltag anwenden lässt. Die Situation kennt doch eigentlich jeder: Du kommst am Abend nach Hause und stellst fest, dass du noch Hunger und Lust auf etwas Warmes hast. Und dann machst du den Kühlschrank auf und schaust, was sich dort findet. Vielleicht gibt es noch Eier, etwas Schnittlauch und etwas Fleisch vom letzten Braten. Also fix das Fleisch in Streifen geschnitten ein paar Zwiebeln in der Pfanne angaren, das Fleisch dazu und fertig ist ein schnelles Omelett mit Schnittlauch. Das geht auch genauso mit rohen oder gegarten Gemüseresten, selbst mit Salatblättern, die da noch auf den Verzehr wartend herumliegen.

Omas Küche war also ganz typisch für die Jahrzehnte nach dem Krieg. Essen war viel zu wertvoll, um es wegzuschmeißen. Essen war die tägliche Lebensversicherung, die Gewissheit, dass das Leben weitergeht. Nach allem, was die erlebt hatten, war das absolut verständlich. Die haben damals gedacht, es ist wichtig, dass sich jeder Mensch ein anständiges Essen leisten kann. Und Fleisch ist ein anständiges und richtig gutes Essen, also müssen wir es möglichst billig produzieren. Diese Erfahrung hat sich fest in unsere Ernährungs-DNA eingeschrieben und scheint bis heute für unser Essverhalten prägend zu sein. Seit mehr als fünfzig Jahren heißt die Devise deshalb in der Fleischproduktion immer nur: »Billiger, billiger, billiger.« Dabei haben wir nicht nur die Qualität aus den Augen verloren, sondern auch jeden Maßstab. Laut einer Empfehlung der Deutschen Gesellschaft für Ernährung sollte ein Erwachsener nicht mehr als 300 bis 600 Gramm Fleisch und Wurst pro Woche verzehren. Also zwischen sechzehn und 31 Kilo pro Jahr. Tatsächlich aber isst der Durchschnittsdeutsche knapp das Doppelte, rund sechzig Kilo. Da frage ich mich schon: Muss das eigentlich sein? »Wie jetzt Keller, will du jetzt auch Vegetarier werden?«, höre ich meine Kritiker schon fragen. Nein, will ich nicht. Ich glaube auch ehrlich gesagt nicht an eine rein vegetarische Ernährung. Aber wir müssen anfangen, umzudenken. Und zwar grundsätzlich. Statt weiter einer Billiger-ist-besser-Strategie zu folgen und damit unser Essen tatsächlich zu entwerten, müssen wir uns auf ein Weniger-ist-mehr umstellen. Mehr Qualität, die sich eben nur erzeugen lässt, wenn wir die Produktionsbedingungen der Massentierhaltung verändern und auf ein sinnvolles Maß zurückfahren.

Mein Metzger, der mir seit zwanzig Jahren mein Charolais-Fleisch liefert, ist da nicht sonderlich optimistisch. Er hat selbst einen Hof mit über 700 Tieren und bewirtschaftet mit vier Bauern gemeinsam rund 470 Hektar. Die haben Riesenställe, wo sie das Stroh reinpumpen, alles automatisiert. Es gibt hier auch keine Bullen mehr, denn über die künstliche Befruchtung lässt sich besser steuern, wann die Kälber geboren werden, um Personalkosten zu sparen. »Aber den Weg zurück, den wird es nicht geben,« sagt mein Metzger, »es wird nur einen Verdrängungswettbewerb geben.« Und aus seiner Perspektive hat er recht. Noch immer geben pro Jahr alleine in Deutschland mehr als fünf Prozent der landwirtschaftlichen Betriebe auf. Kleine und mittlere Höfe verschwinden zugunsten größerer Produktionseinheiten. In diesem Verdrängungskampf gehen selbst die subventionierten Biohöfe kaputt, weil im globalen Markt aus dem Ausland vieles billiger kommt. Ich frage mich allerdings, was ist ein Bio-Zertifikat wert, wenn wir die langen Transportwege nicht mit auf die Rechnung setzen. In einem deutschen Bio-Supermarkt Kartoffeln aus Ägypten zu verkaufen, halte ich im Sinne einer nachhaltigen Strategie jedenfalls für ziemlich absurd. Ein anderes Beispiel: Ich liebe Quinoa, lecker, vielseitig verwendbar und reich an essentiellen Aminosäuren und Mineralien. Quinoa ist in den letzten Jahren schwer in Mode gekommen, auch bei Leuten, die ein Gluten-Problem haben. Aber wenn ich jetzt lese, dass sich die Bauern in Peru, dort, wo Quinoa seit 6000 Jahren angebaut wird, ihr traditionelles Grundnahrungsmittel nicht mehr leisten können, weil alles in den Export geht, frage ich mich, ob ich das noch essen darf, weil unsere Art zu leben am anderen Ende der Welt schon wieder kleine Bauern platt macht.

»Erst kommt das Fressen und dann die Moral«, heißt es bei Bertolt Brecht. Ich würde diesen Satz heute umdrehen. Essen und all die Dinge rund um das Thema Ernährung, haben für mich immer mehr mit Moral zu tun. Mit Achtung. Achtung vor der Natur, vor dem Menschen, Achtung vor der Kreatur. Auch darum geht es in diesem Buch. Wir haben ja heute eine sehr differenzierte Sicht auf die Dinge. Wir reden über Gesundheit, über die Umwelt, über das Klima oder den Tierschutz, aber wir verlieren dabei das Ganze aus dem Blick, die Sicht auf die Zusammenhänge. In unserem Essen aber kulminiert das alles. Unsere Ernährung ist deshalb ein gutes Thema, um diese Zusammenhänge verständlich zu machen. Was hat das Tierwohl oder der Pflanzenschutz mit unserer Gesundheit zu tun? Wie hängt die Qualität unserer Nahrungsmitte ganz unmittelbar mit dem Umwelt- und Klimaschutz zusammen?

Ich habe mir schon vor zwanzig Jahren gesagt, ich kann ja nicht nur rumjammern, sondern ich muss einfach mal damit anfangen, einen anderen Weg zu gehen. Hinter der Idee »Vom Einfachen das Beste« steht deshalb nicht nur eine kreative Küche, sondern die Wiederentdeckung eines sinnvollen Verwertungskreislaufs, den ich in meiner Kindheit kennengelernt habe und den ich heute unter der Prämisse, die denkbar beste Qualität zu erzeugen, Schritt für Schritt in Gang gesetzt habe. Die Überzeugungsarbeit für diese Philosophie leistet der Genuss der zubereiteten Speisen, den ich bei meinen Gästen auf dem Falkenhof oder in unserer Adler Wirtschaft in den Augen ablesen kann.

Hier auf dem Hof füttere ich meine Gäste gerne zuerst mit meinem Schweinefleisch an, das auf dem Markt so nicht mehr zu bekommen ist. Ich züchte seit Jahren Bunte Bentheimer. Das ist eine sehr alte Schweinerasse aus der ehemaligen Grafschaft Bentheim im Westfälischen, der man es noch nicht weggezüchtet hat, dass sie fett wird. Schweinefleisch muss heute ja mager sein, wes-

Meine Schweine sehen zwei Winter. Erst dann hat das Fleisch
die richtige Reife und Struktur entwickelt. Dazu braucht ein Schwein
auch genügend Bewegung. Meine Bunten Bentheimer sind eine
sehr alte Schweinerasse, der man es noch nicht weggezüchtet hat,
fett zu werden. Eber Eberhard sorgt in der Rotte für Nachwuchs.
Das Ergebnis ist ein sensationelles Schweinefleisch.

halb das Industrieschwein zwar die ein oder andere Rippe mehr hat, aber kein Fett mehr ansetzt, obwohl es sich in seinem engen Mastknast kaum mehr bewegen kann. Kein Mensch ist heute so bekloppt wie ich und lässt sein Schwein eineinhalb Jahre alt werden, mit dem Ergebnis, dass es dann bis zu zwanzig Prozent zu viel Fett hat. Trotzdem sage ich voller Überzeugung: Ein Schwein, das nicht mehr fett werden darf, ist einfach nur eine arme Sau. Ein Schwein muss zwei Winter gesehen haben. Erst dann hat das Fleisch die richtige Reife und Faserstruktur erreicht. Und dafür muss ein Schwein sich auch ausreichend bewegen können. Was machen wir mit dem überschüssigen Fett? Wir können es verarbeiten: Als Bratfett in der Küche etwa, als Lardo in hauchdünnen Scheiben serviert oder, um im Winter das Schmalz als Butterersatz als Brotaufstrich zu verwenden. Dahinter stecken natürlich viele kleine Arbeitsschritte und die kosten auch Geld, aber wenn dann meine Gäste davon kosten, wundern sie sich über den Geschmack. »Ah, Herr Keller, also ihr Gänseschmalz schmeckt ja sooo lecker.« Wenn sie Moslems wären, müsste ich ihnen erklären, dass mein Gänseschmalz zu vierzig Prozent aus Schweinefett besteht – was auch so sein muss, da Gänsefett halt nun mal fast flüssig ist. Es ist immer eine Mischung aus beidem und ich kann meine Gäste beruhigen, da meine Schweine eben nicht aus dem Mastknast kommen. Ich habe mal einen sehr kritischen Brief von einem Gast bekommen, zu dem ich gesagt hatte: »Keine Angst, mein Fleisch können sie genießen, ich habe hier keine KZ-Schweine.« Er schrieb mir, dass dieser Vergleich in keiner Weise statthaft sei, und ich habe mich auch entschuldigt, aber was man den Industrieschweinen heute zumutet, ist wirklich der blanke Horror und macht die Bevölkerung krank.

Wir haben hier in Deutschland einen sehr hohen Lebensstandard und wenn wir diesen Standard halten wollen, und zwar egal in welcher Bevölkerungsschicht oder Klasse, dann müssen wir doch dafür sorgen, dass die Leute imstande sind, gesund zu leben. Qualitativ hochwertige Nahrungsmittel sind dafür die beste Basis. Ich bin nicht naiv. Ich weiß schon, dass man den Leuten nicht sagen kann, ihr müsst ab sofort Schweinefleisch essen, das jetzt nicht mehr 3,20 Euro das Kilo kostet, sondern 12,30 Euro. Das funktioniert genauso wenig wie der Vorschlag der Grünen, die vor ein paar Jahren mal einen von oben verordneten Vegi-Tag für alle Kantinen in Deutschland einführen wollten. Da kam von allen Seiten die Kritik: »Wir lassen uns doch nicht vorschreiben, was wir essen und was nicht.« Die Überzeugungsarbeit muss hier anders funktionieren. Ich stelle mir eher eine Kampagne vor, die das Bewusstsein für eine vernünftige Ernährung und für vertretbare Produktionsbedingungen entwickelt. Eine Kampagne, die den Leuten klarmacht: Esst weniger Fleisch, und wenn ihr Fleisch esst, dann sucht euch das Beste raus! Kauf es bei deinem Bauern in der Nähe, von dem du weißt, wie er seine Rinder, Schweine oder Hühner hält und kauf es nicht blind in irgendeinem Supermarkt, wo du weder weißt, wo es herkommt, noch wie es gefüttert wurde oder wie viele Antibiotika da drin sind. In meinem kleinen Rahmen versuche ich die Leute zunächst mit Genuss zu überzeugen, und dann erkläre ich ihnen auch gerne, was dieses Geschmackserlebnis mit der Lebensweise meiner Schweine oder Rinder zu tun hat. Es gibt ja zum Glück schon eine große Bewegung in diese Richtung. Wir haben einen wachsenden Anteil an Vegetariern, obwohl der gefühlt viel höher ist als die knapp sieben Prozent der Deutschen, die sich tatsächlich ausschließlich vegetarisch ernähren. Der Anteil der echten Veganer liegt bei gerade mal 0,1 Prozent. Da kann man noch nicht von einer Massenbewegung oder einem kollektiven Umdenken sprechen.

Die Glyphosat-Debatte zeigt, worum es wirklich geht. Jeder Minister, der in Brüssel für eine erneute Genehmigungsverlängerung des Unkrautgiftes gestimmt hat, hat sich damit auch für eine weiter voranschreitende Industrialisierung der Landwirtschaft ausgesprochen. Mit Massentierhaltung, riesigen Monokulturen und allen bekannten Folgen für Klima, Umwelt und Gesundheit. Laut Ernährungsreport Deutschland 2018, ebenfalls vom Landwirtschaftsminister und Glyphosat-Befürworter Schmidt veröffentlicht, legen inzwischen 92 Prozent der Deutschen Wert auf gesunde Nahrungsmittel. Dieser hohe Zuspruch steht zwar in großem Widerspruch zum tatsächlichen Essverhalten und dem weiter wachsenden Absatz von Fertiggerichten, von denen in Deutschland über 960 000 Tonnen pro Jahr verkauft werden. Aber immerhin zeigt der allgemeine Wunsch nach gesundem Essen doch eine große emotionale Bereitschaft umzudenken, wenn die Politik erst einmal die Weichen für eine grundsätzliche Agrarwende stellen würde. Ich behaupte, dass es problemlos möglich wäre, wenn, ja wenn die europäische Idee mal richtig funktionieren würde. Doch mein Traum von Europa verrinnt gerade zusehends. Von seiner Wortbedeutung her lässt sich Europa mit *Weitsicht* übersetzen. Gerade habe ich allerdings verstärkt den Eindruck, dass Europa von großer Kurzsichtigkeit geschlagen ist und sich die unterschiedlichen Lager immer weiter auseinanderdividieren, statt in wichtigen Dingen gemeinsam zu handeln. Die würden sich doch eher gegenseitig die Köpfe abreißen, als mal gemeinsam eine gute Strategie für die Landwirtschaft zu entwickeln! Selbst wenn bei den Grünen einer ist, der sagt, wir müssen was gegen die Massentierhaltung machen, dann meint sofort ein anderer, das können wir nicht machen, weil dann alle Bauern FDP wählen – und schon ist das Thema vom Tisch. Mein Gefühl ist, dass die wenigsten Politiker heute eine klare Vorstellung davon haben, was durchsetzbar wäre. Sie wissen vielleicht noch, was sie wollen, aber weil man ja an der Macht bleiben muss, wird jeder progressive Gedanke im großen Kompromissgeschäft der Politik sofort extrem verwaschen. Ich vermisse Politiker, die noch eine Idee oder eine Haltung haben und eine echte Erfahrung vom Leben, statt nur an ihre eigene Karriere zu denken. Viele kommen heute von der Schule und der Uni direkt in die Politik. Die wissen doch gar nicht, wo das Geld herkommt und wie es sich anfühlt, wenn man sich sein Geld selbst erarbeitet. Die sind froh, wenn sie in den Institutionen gelandet sind, unkündbar und die Kohle jeden Monat automatisch aufs Konto rollt.

Was ich mit diesem Buch bewirken will ist, dass die Leute mal anfangen nachzudenken. Dass wirklich jeder Einzelne ins Grübeln kommt und sich die Frage stellt: Was kann *ich* tun, damit diese Welt wenigstens hier bei uns durch mein konkretes Handeln besser wird? Gleichzeitig müssen wir unsere Politiker klar in die Pflicht nehmen und ihnen deutlich machen, was wir wollen. Die EU-Subventionen für die Landwirtschaft basieren nach wie vor auf dem Prinzip der Flächensubvention. Große Betriebe mit viel Fläche erhalten also mehr Subvention als ein kleiner Betrieb. Das führt dazu, dass ungefähr 1,5 Prozent der Landwirte fast dreißig Prozent aller EU-Subventionen einstreichen. So fördert die EU mit jährlich sechzig Milliarden Euro das Kleinbauernsterben zugunsten einer industrialisierten Landwirtschaft. Das heißt: Die EU subventioniert mit rund 350 Euro pro Hektar die skandalösen Produktionsbedingen in der Massentier- und Milchwirtschaft, um den Fleisch- und Milchpreis künstlich niedrig zu halten. Kein Wunder also, dass nachhaltige Bio-Lebensmittel im Gesamtmarkt gerade mal auf einen Anteil von vier Prozent kommen. Die Preispolitik wird nach wie vor von einer Billigphilosophie bestimmt und nicht von einer Qualitätsstrategie. Den Rest erledigen dann in Deutschland mit Aldi & Co eine Handvoll Lebensmittelgroßkonzerne, die fast neunzig Prozent des Marktes kontrollieren und somit auch die Erzeugerpreise bestimmen können. Das ist krank und das macht uns alle krank. Ein erschreckendes Beispiel für diesen Irrsinn lieferte im vergangenen

Jahr der Fipronil-Skandal. Das Insektengift wurde als billiges, aber verbotenes Mittel zur Bekämpfung der Vogelmilbe in einem Massenbetrieb zur Eierproduktion eingesetzt. Kurze Zeit später tauchten dann mit Fipronil belastete Eier nicht nur in europäischen Ländern wie Belgien, Deutschland, Frankreich oder Italien auf, sondern auch in Hongkong. Der globale Handel kennt selbst für rohe Eier keine Grenzen und setzt auch hier auf Masse statt auf Klasse. Deutschland war eines der am stärksten betroffenen Länder, doch ausgerechnet die Bundesregierung verhinderte eine transparente Information in diesem Skandal. Die Verbraucher wurden wie üblich für dumm verkauft. Nein, macht euch mal keine Sorgen, die Fipronil-Belastung der Eier ist genauso unschädlich für den Menschen wie das Glyphosat, das mittlerweile in vielen Produkten und in Urinproben nachgewiesen werden kann. Da frage ich mich schon, wen schützt unsere Regierung eigentlich? Eine Handvoll Großkonzerne, die den Nahrungsmittelmarkt dominieren oder die eigene Bevölkerung?

Ich bin ein Genussmensch und als Koch dem echten Genuss seit Jahrzehnten auf der Spur. Genau das hat meinen Blick für die Qualität der Grundprodukte in meiner Küche entwickelt und geschärft. Mit der Konsequenz, dass ich heute auch ein Bauer bin. Mich interessieren dabei in erster Linie meine Küche und das Essvergnügen meiner Gäste. Aber ich möchte auch beweisen, dass das Denken in kleinen, nachhaltigen Verwertungskreisläufen funktioniert und dass wir die Natur bei der Produktion unserer Lebensmittel als einen koexistierenden Partner verstehen müssen und nicht brutal als billige Rohstoffquelle ausbeuten dürfen. Mir scheint die Globalisierung inzwischen an vielen Stellen aus den Fugen geraten zu sein. Es gibt eine Menge Probleme, die wir als Weltgemeinschaft gemeinsam lösen müssen. An erster Stelle den Klimawandel. Und dafür müssen wir beim Thema Ernährung wieder viel stärker in dezentralen und regionalen Kreisläufen denken, statt Millionen rohe Eier um die Welt zu fliegen. Ich sehe die Sache so: Bei einer echten Agrarwende muss die Qualität im Mittelpunkt stehen und nicht die billigste Produktionsmöglichkeit. Als Bauer weiß ich aber auch, dass der Landwirt am Ende auch sein Geld verdienen muss. Es gibt Berechnungen, nach denen sich der Fleischpreis im konventionellen Bereich bei einer artgerechten Tierhaltung um maximal zehn Prozent erhöhen würde. So gesehen ist die Rechnung doch ganz einfach: Der Landwirt könnte mehr verdienen, der Verbraucher würde für sein Fleisch etwas mehr bezahlen, doch da der Deutsche sowieso doppelt so viel Fleisch isst, als ihm eigentlich guttut, könnte er die Preiserhöhung durch etwas weniger Konsum und ohne einen Verlust an Lebensqualität ausgleichen. Dafür wäre die Fleischqualität besser und wir könnten, weil wir weniger Fleisch produzieren, einen echten Beitrag zum Tier-, Boden-, Grundwasser- und Klimaschutz leisten.

Warum muss ich mir eigentlich, wenn ich solche Gedankenspiele formuliere, immer wieder anhören: »Ja Alter, träum mal schön weiter…«?

Sterne schnuppern – Wie der erste Stern zum Schwarzen Adler kam

Der ungebrochene Glaube an eine industrialisierte Lebensmittelproduktion hat viel mit den tief verwurzelten Nachkriegserfahrungen zu tun. In den fünfziger und sechziger Jahren haben die Deutschen ja nicht nur gefressen wie die Weltmeister, sondern entdeckten für ihre Alltagsküche auch das Konservenfutter. Obst und Gemüse aus der Dose waren für viele die progressive Ergänzung zum Speiseplan. Das war praktisch, schnell und ein Beweis für den Fortschritt in den Wirtschaftswunderjahren. Ich war wahrscheinlich zwölf Jahre alt, als mein Vater das erste Mal mit etwa diesen Worten auf mich zukam: »Also Franz, du willst ja unbedingt Abitur oder mittlere Reife machen, aber in die Schule gehst du ja auch nicht sonderlich gerne. Lerne doch ein Handwerk.« »Ein Handwerk?«, fragte ich zurück. »Ja, lerne doch kochen. Das passt doch und dein Bruder kann dann später den Weinbau studieren.« Mein Bruder Fritz war damals fünf und ahnte noch nichts von seinem Glück. Aber so sind wir alle mit mehr oder weniger großem Druck in die Welt der Gastronomie hineingepflanzt worden. Ich bin tatsächlich nicht gerne in die Schule gegangen. Aber Koch wollte ich auch nicht werden. Mein Traum war es, Flugzeugingenieur zu werden. Ich hatte damals zufällig Herrn Zentsch kennengelernt, dem ich eines Tages über den Weg lief, und der mich fragte, ob ich ihm helfen könne, sein Modellflugzeug auf den nahegelegenen Badberg zu tragen. Er stammte aus Dresden und muss wohl bei den Nazis in der Flugzeugkonstruktion ein hohes Tier gewesen sein. Später lebte er, wohl auch wegen seiner Vergangenheit, dann sehr zurückgezogen in Freiburg. Vermutlich, weil er sich dort auch irgendwie vor den Amerikanern und den Russen verstecken wollte. Und weil er nun nicht mehr an den großen Fliegern schrauben konnte, entwickelte er jetzt Fernsteuerungen und seine Modellflugzeuge. Empfänger für die Flugzeuge, verschiedene Tragflächen für unterschiedliche Thermik, ein echter Tüftler, vor dem ich großen Respekt hatte. Das hat mich komplett begeistert. Dagegen stand nur, dass ich in der Schule viel zu faul war. Ich habe immer nur das gemacht, was mich interessierte. Geschichte, Mathematik, Technik, das waren meine Themen und ich habe gerne gelesen. Dafür zog ich mich öfter auf unseren Dachboden zurück, wo ich mir eine alte Matratze zurechtgerückt hatte und einen Dachziegel zur Seite schob, damit genügend Licht zum Lesen hereinfiel. Hier hatte ich meine Ruhe, um Karl May zu lesen oder meinen phantastischen Flugzeugträumen nachzuhängen. Aber je älter ich wurde, desto öfter nahm mich der Alte beiseite und bearbeitete mich. »Du hast doch hier ein schönes Auskommen und das ist unser Besitz, daraus kannst du doch was machen. Lass doch die Schule sausen und mach eine Lehre.« Wie gesagt, mein Vater wäre selbst gerne Koch geworden, was meine Oma ihm damals nicht erlaubt hatte. Und vielleicht hat sie damit schon das erste Samenkorn für einen klassischen Vater-Sohn-Konflikt gepflanzt, den ich dann Jahre später mit ihm austragen musste. Ich hatte jedenfalls schon sehr früh das Gefühl, dass mich Vater in eine Ausbildung drücken wollte, die er selber gerne gemacht hätte. Gleichzeitig hat er immer versucht, uns kleinzuhalten. Er wollte verhindern, dass wir abhauen, statt in den elterlichen Betrieb einzusteigen.

In den fünfziger Jahren durchlief der *Schwarze Adler* bereits eine erste Verwandlung. Ursprünglich war das wirklich eine ganz einfache Dorfkneipe, die auch nur am Wochenende bekocht wurde. Für die Wanderer, die hier ihre Brotzeit einnahmen. Mitte der fünfziger Jahre wurden wir dann von ein paar französischen Gästen im wahrsten Sinne des Wortes entdeckt. Wenn man so will, wurden wir zu Profiteuren der wechselhaften Geschichte des Elsass, das ja mal deutsch und mal französisch gewesen war. Und die Elsässer hatten sich das jeweils bessere Gesetz von jeder Seite behalten, wie zum Beispiel das deutsche Hoheitsrecht der Jagd. Im restlichen Frankreich konnte seit der Französischen Revolution jeder auf die Jagd gehen. Im Elsass aber war die Jagd das Hoheitsrecht der Gemeinde. Das ist einer der Gründe, warum das Elsass heute so schön und so reich ist. Nach dem Krieg haben die Gemeinden mit Fischrechten, Reben und Jagd viel Geld verdient. Damals kamen nämlich die Reeder aus Marseille, die Uhrenmacher aus Besançon und die Bankiers und Politiker aus Paris und pachteten sich alle im feinen Elsass eine Jagd. Wenn sie nun mit ihren Frauen zum Jagd-Wochenende kamen, sind sie im Elsass im Hotel abgestiegen. Manchmal gingen sie aber auch mit ihren Freundinnen auf die Pirsch und dann sind sie gerne über den Rhein und etwas diskreter nach Deutschland gekommen. So tauchten irgendwann die ersten Franzosen in unserer kleinen Wirtschaft mit den vier Zimmern auf. Eine Begegnung, die man auch so beschreiben könnte: Deutsche Hausmannskost trifft auf französische Gaumen. Weder kulinarisch noch in Sachen Zimmerservice war unsere *Adler Wirtschaft* auf diese Begegnung wirklich vorbereitet. Zu unseren französischen Stammgästen zählten damals bald Monsieur Troiseant und Monsieur Meyer, die rund um Marckolsheim zwei riesige Jagdreviere gepachtet hatten. Und wenn die mit ihren Freundinnen kamen, wollten sie auch anständig essen. Also begannen sie damit, meine Eltern mit ins Elsass zu nehmen, um ihnen zu zeigen, wie die französische Gastronomie funktionierte. Das war für meine Eltern völlig neu. Meine

Mutter kam aus einer Gastronomiefamilie, aus der *Krone* in Achkarren. Als sie meinen Vater heiratete, war auch das ein kleines Politikum, denn sie war evangelisch. Mutter hatte eine Hauswirtschaftsschule besucht, aber nie Koch gelernt. Trotzdem erkochte sie 1969 für den *Schwarzen Adler* als erste Frau in Deutschland einen Stern. Wie sie ihren ersten Stern bekommen hat, war eine lustige Geschichte, die sich eigentlich dem Ehrgeiz unserer französischen Gäste verdankt. Die Franzosen wollten, wenn sie das Wochenende mit Freunden verbrachten, auch ein tolles Restaurant. Und ein tolles Restaurant war für Franzosen schon damals ein Restaurant, das mindestens einen Stern hat. Wer aber einen Stern haben wollte, der musste ein Menü anbieten. Bei uns aber wusste damals doch keiner, was ein Menü ist. Zu unseren Standards gehörten Schnitzel oder Schäufele mit einem Badischen Kartoffelsalat. Jawohl, badisch, weil er mit Fleischbrühe angemacht wurde und nicht unmöglich nordisch mit Mayonnaise! Übrigens das erste Gericht, das ich nach Anleitung durch meine Oma zubereiten konnte. Zwischen dem deutschen und dem französischen Verhältnis zum Essen liegen wirklich Welten. Damals wahrscheinlich noch mehr als heute. Wenn sich ein Deutscher mit einem Franzosen übers Essen unterhält, klingt das in den Ohren des Franzosen so, als würde der Deutsche ihm gerade erzählen, dass er seinen letzten Sommerurlaub in einem dunklen, fensterlosen Keller verbracht hat. Durch die Reisen mit Monsieur Troiseant eröffnete sich für meine Eltern jedenfalls eine wirklich neue Welt. Mein Vater lernte die französischen Weine kennen und war damit allen anderen Gastronomen in der Gegend um mindestens fünfzehn Jahre voraus. Und meine Mutter kreierte ihr erstes Vier-Gang-Menü: Zur Eröffnung eine Badische Leberknödelsuppe, dann Badische Weinbergschnecken, als Hauptgang ein Lamm-Navarin, ein typischer, feiner französischer Eintopf, den man auch gut vorbereiten konnte, und als Dessert gab es

Kaiserstühler Sauerkirschen mit Kirschwasser flambiert und Vanilleeis. Das Eis kam damals übrigens von Langnese. Ein normales Gericht, also beispielsweise ein Schnitzel, kostete bei uns damals um die neun Mark. Dieses Vier-Gang-Menü hat, wenn ich mich richtig erinnere, anfangs gerade mal nur um die zwölf oder dreizehn Mark gekostet, sonst hätte das außer den Franzosen keiner bestellt. Genau dafür haben wir den ersten Stern bekommen und sehr lange gehalten, bis ich eben dann viel später aus Paris heimkehrte. So ist die ganze Gastronomie im *Schwarzen Adler* entstanden. Auf diese Weise könnte man sich heute sicher keinen Stern mehr erkochen, aber damals gab es noch die Zeit, um sich auch als kleiner Landgasthof Schritt für Schritt in diese Richtung zu entwickeln. Dem Engagement unserer französischen Gäste ist es auch zu verdanken, dass wir schon 1958 ein Zimmer mit einem Bidet hatten, was für unsere französischen Gäste ganz selbstverständlich zur Einrichtung gehörte, in unseren einfachen Gastzimmern aber fehlte. Als wir auf Bitte von Monsieur Troiseant unseren Klempner fragten, ob er uns ein Bidet installieren könne, meinte der nur: »Ein was? Kenne ich nicht, gibt's hier nicht.« Davon ließ sich unser französischer Stammgast und Freund der Familie aber keineswegs abhalten und brachte bei seinem nächsten Besuch im Kofferraum seines Citroen ein Bidet aus der Heimat mit. Das hat dann unser Klempner installiert und sich beim ersten Test erst einmal eine Gesichtsdusche abgeholt, weil er weder wusste, wie dieses merkwürdige Teil sanitärer Keramik funktionierte, noch warum man es benutzte. So gestaltete sich der Anfang unserer Verbindung zur französischen Gourmetszene.

Meine Mutter war in der Zusammenarbeit mit Oma die erste Küchenchefin im *Schwarzen Adler*. Diese beiden starken Frauen bildeten also das kulinarische Herz und kreierten schon sehr früh eine schöne Verbindung aus deutscher und französischer Küche. Rückblickend war dieser erste Stern, den eine Frau in Deutschland erkocht hat, tatsächlich etwas Besonderes. Wir befinden uns hier schließlich in den fünfziger und sechziger Jahren des letzten Jahrhunderts. Da war die Küche im privaten Haushalt zwar ganz klar die Domäne der Hausfrau. Im professionellen Bereich aber war und wird die Küche auch im Sterne-Bereich bis heute von Männern dominiert. Warum das so ist, weiß ich eigentlich nicht. Eine Cuisine de femme ist jedenfalls bis heute nicht in Sicht. Alle aktuellen Drei-Sterne-Restaurants in Deutschland werden von männlichen Küchenchefs geführt und in den Zwei-Sterne-Küchen findet sich neben 43 Männern gerade mal eine Frau. Die Frauenbewegung hat die Hausfrauen zwar von ihrer Rolle als »Heimchen am Herd« befreit, doch in der Gastronomie sind Frauen in Führungspositionen weiterhin eine Rarität. Ich jedenfalls habe von zwei tollen Frauen die Grundlagen des Kochens gelernt, denn als kindlicher Helfer musste ich, was völlig normal war, für die Hilfs- und Schnippeldienste in unserer Wirtshausküche auch immer wieder ran.

Während also meine Mutter die Küche auch unter Zuhilfenahme junger Elsässer oder französischer Jungköche auf Sterne-Niveau hielt, begann mein Vater damals schon heimlich Bordeaux-Weine aus Frankreich zu importieren, genauer gesagt, zu schmuggeln. Die Franzosen hatten nämlich gleich nach dem Krieg das Monopol für den Import von Bordeaux-Weinen an das Bremer Weinimporthaus Segnitz vergeben. Vater hätte also theoretisch die guten Weine, die direkt vor seiner Haustür in Frankreich entstanden, in Bremen ordern müssen und das zu viel höheren Preisen. Natürlich juckten einen gewieften Viehhändler wie meinen Vater solche Vorschriften wenig. Er machte stattdessen einen Deal mit einer Kauffrau aus dem Elsass, die eine große Baustoffhalle hatte. Und unter dieser Halle gab es einen schönen Gewölbekeller. Sie bestellte also für meinen Vater die Weine, die wir dann in regelmäßigen Abständen mit dem Auto über die

Grenze und nach Hause brachten. Auf diese Weise nahm der *Schwarze Adler* seinen ersten Aufschwung, denn es sprach sich in der Fress-Szene schnell herum, dass wir nicht nur einen Stern, sondern dazu auch ein sehr ausgefallenes französisches Weinangebot hatten und das auch noch zu sehr vorteilhaften Preisen.

Schon mein Großvater hatte mit Wein gehandelt, aber über die Kriegsjahre war das alles verloren gegangen, weil sich meine Großmutter darum ja nicht auch noch alleine kümmern konnte. Aber wir hatten schon damals so eine Art Mischlandwirtschaft. Mit Äckern, mit Reben, mit eigenen Kartoffeln, Kirschen und Zwetschgen. Aus den Reben haben wir unseren eigenen Wein gemacht, allerdings nur zum Eigenbedarf für unsere Wirtschaft. Meine Großmutter trat dann in den fünfziger Jahren in die Genossenschaft ein, die damals den Winzern am Kaiserstuhl tatsächlich den Wohlstand gebracht hat. Vorher gab es ein paar Weinhändler, die haben den Wein gehandhabt wie mein Vater den Viehhandel. Bei den Bauern haben sie die Trauben gekauft und ausgepresst oder gleich den Most, was den Bauern damals eigentlich lieber war, weil sie den Treber dann für sich behalten haben. Daraus konnten sie dann Schnaps brennen, oder sie packten alles noch mal in eine Bütte rein, gaben Wasser drauf und Zucker, ließen das Ganze zwei, drei Tage ziehen und haben es dann für den eigenen Hauswein noch einmal ausgepresst. Der Wein war so sauer und trocken, dass es einem das Hemd im Hintern zusammengezogen hat. Aber meine Oma Mathilde hat davon jeden Tag mindestens einen Liter getrunken, was gar kein Problem oder etwas besonders Schlimmes war. Schließlich hatte die dünne Brühe nur etwa neun Prozent Alkohol und trank sich um einiges besser als das Wasser aus der Leitung.

Mein Vater, der alte Querkopf, hat natürlich sofort mit der Genossenschaft Krach gekriegt. Anfang der siebziger Jahre startete am Kaiserstuhl die große Rebflurbereinigung. Die Bulldo-

zer rückten an und schoben den bis zu fünfzig Meter tiefen Löß-
boden zu viel größeren Terrassen zusammen. Die Idee war, dass
man zwar die Anbauflächen etwas reduzierte, dafür aber eine öko-
nomischere Bewirtschaftung möglich werden sollte. Man wollte
größere und flachere Terrassen, die man mit dem Traktor bearbeiten konnte. So sollten die Grundlagen für den Qualitätsweinbau
für die nächsten Jahrzehnte gesichert werden. Mein Vater war damals der Einzige im Ort, der gesagt hat, sie hätten nicht mehr alle
Tassen im Schrank, das brauchten wir alles nicht. Aber die anderen meinten, sie gingen mit der Zeit. Dann kam das erste große
Gewitter und weil die großen Flurbereiniger die Drainagen zum
Wasserabfluss falsch und viel zu klein angelegt hatten, rutschte
der Löss ins Tal ab, und der Kaiserstuhl wurde eine Zeitlang zum
beliebten Ausflugsziel für alle, die wissen wollten, was man bei
der Flurbereinigung alles falsch machen kann.

Der zweite große Streitpunkt, der den Ruf meines Vaters als
»Rebell vom Kaiserstuhl« festigte, war die Süßwein-Welle, die
in den sechziger Jahren durch die badischen Weinanbaugebiete
schwappte. Genossenschaft und Winzerverband setzten damals
auf liebliche Weine wie Müller-Thurgau, um die deutschen Bier-
trinker vom Tresen zu locken. Aus seinen Erfahrungen mit der
französischen Küche wusste aber mein Vater, dass man zum Essen trockene und durchgegorene Weine trinkt. Zu süßen Weinen
greift man in Frankreich erst nach dem Hauptgang, zusammen
mit einer schönen Leberpastete. Er hat sich also gegen den Verband gestellt, trat aus der Genossenschaft aus und hat ganz klein
damit angefangen, seinen eigenen Wein anzubauen. Er hat Fäs-
ser gekauft und losgelegt mit vielleicht zwei Hektar Ölberg und
Lehberg. Er hatte anfangs zwar keine große Ahnung vom Weinbau, aber als Weinhändler wusste er, wie ein Wein zu schmecken
hat, der zu einem guten Essen zelebriert wird. Als Handelsschüler
hatte er in Freiburg außerdem die Vorlesungen des Nationalöko-

nomen Walter Eucken besucht und hatte eine Vorstellung davon, wie der Markt funktioniert. Er war eher ein Autodidakt, der den Wein vom Essen her gedacht hat. Deshalb begann er auch, auf seiner Fläche Elbling anzubauen, eine Rebsorte, die noch in den dreißiger Jahren des letzten Jahrhunderts in Baden weit verbreitet war, im Zuge der Süßwein-Welle aber per Ministererlass aus dem sogenannten Sortenaufbauplan gestrichen worden war. Erlasse und Gesetze dieser Art störten meinen Vater wenig. Als einer der wenigen freien Winzer – gut neunzig Prozent waren in der Genossenschaft organisiert – baute er den verbotenen Elbling an und handelte sich, als das rauskam, erneut großen Ärger ein. Ich höre ihn noch heute auf die Winzergenossenschaften und Funktionäre schimpfen: »Die tyrannisieren die freien Winzer, produzieren mit zu hohen Erträgen am Markt vorbei und wollen mir vorschreiben, welche Rebsorten ich anzubauen habe.« Noch Anfang der neunziger Jahre berichtete *Der Spiegel* über diesen Kampf zwischen David (mein Vater) gegen Goliath (die Genossenschaften und den Weinbauverband): »Der Winzer, Weinimporteur und Gastronom Franz Keller aus Oberbergen im Kaiserstuhl bricht täglich mit Bedacht das Weingesetz. In Kellers ›Schwarzem Adler‹ liegen 7 000 Liter eines Weißweins, der dort weder lagern noch gar verkauft werden darf.« Mein Vater war ganz sicher ein großer Sturkopf, aber um seine Ziele zu erreichen, war er auch das, was man heute einen geschickten Netzwerker nennen würde. Um seine Vorstellungen vom deutschen Wein publik zu machen und das von der damaligen Weinlobby durchgesetzte Anbauverbot für Elbling anzuprangern, spannte er sogar Walter Scheel ein. Der damalige Bundespräsident liebte trockenen leichte Weißweine mit Trinkfluss, lehnte aber die gerade in Mode kommenden Vorne-süßes-Blümchen-und-hinten-nichts-Weine ebenso ab wie mein Vater. Das passte also perfekt, um gegen diesen inszenierten Massentrend vorzugehen. Dem alten

Salat
von Spargelspitzen mit Flußkrebsen

—

Périgord Trüffel
im eigenen Sud mit Gänseleber

—

Steinbutt
auf Brunnenkresse mit Schalotten-Butter

—

Rehnüßchen
mit frischen Frühlingspilzen

—

Käse

—

Walderdbeeren
in Blätterkrokant

1974er Bernkasteler Badstube
　　　　Riesling trocken

1973er Puligny Montrachet

1966er Château Haut Brion
　　　　1er Grand Cru Classée

Champagne Deutz Blanc de Blancs

Die Speisekarte für das Galadinner der Queen 1978

54　Vom Einfachen das Beste

Herrn ging es nicht darum, wie teilweise noch heute behauptet wird, gegen die wirklich großen deutschen Rieslinge der Mosel anzugehen. Er war nur gegen das neu aufkommende Marketinggehabe des badischen Weinbauverbandes, aus jeder noch so dünnen und schwachen Massenweinplörre mit der Hilfe und Zugabe von viel Restsüße, also unvergorenem Traubensaft, dem Weintrinker etwas vorzugaukeln.

Walter Scheel war ja einer der wenigen deutschen Politiker, die wirklich etwas von gutem Essen und Trinken verstanden und er wurde für seine Gourmetleidenschaft häufig belächelt oder gar verspottet. Auch das ist ein schönes Beispiel dafür, wie verschieden die Esskultur in Deutschland und Frankreich ist: Der französische Präsidentenpalast verfügt natürlich über eine eigene Küchenbrigade und kann locker und völlig selbstverständlich mit einen Drei-Sterne-Restaurant im eigenen Land mithalten, während in Deutschland auch heute noch meist nur ein Catering-Service bereit steht. Ich kann mich noch gut erinnern, als Ende der siebziger Jahre die Queen von England zum Staatsbesuch nach Deutschland kam. Walter Scheel hatte als Bundespräsident und Gastgeber, angeregt durch meinen Vater, die damals angesagten jungen Köche Deutschlands ins Spiel gebracht. So klug und großzügig wie Walter Scheel war, hatte er gleich auch Eckart Witzigmann, schon damals der Beste unter uns, mit eingeplant. Unter seiner Führung sollte das junge deutsche Küchenwunder nun groß in Szene gesetzt werden. So kam es dann auch, dass unser Supergericht aus dem *Schwarzen Adler* im kleinen bescheidenen Oberbergen im Kaiserstuhl, der »Steinbutt in Beurre blanc« (zu Deutsch: »Steinbuttfilet in weißer Butter«), beim großen Staatsempfang in Bonn auf den wunderbar gedeckten Tisch kam. Weil wir in den ersten Jahren des sogenannten deutschen Gastronomiewunders einen engen Zusammenhalt pflegten, war es geradezu selbstverständlich, dass die Kellers aus

Strammstehen zum Staatsbesuch der Queen 1978.
Die junge deutsche Küche unter Eckart Witzigmann.

dem Kaiserstuhl, Eckart Witzigmann aus dem *Tantris* in München und alle dazu eingeladen wurden. Wir schufteten tagelang, um das Festmahl vorzubereiten, doch an besagtem Tag gab es im Protokollablauf eine größere Verzögerung, weshalb für das geplante Galadinner dann mal eben statt der dafür vorgesehenen zwei Stunden auf gerade noch 65 Minuten zusammengestaucht wurde! Der Bundespräsident war damals tatsächlich »not amused«, konnte sich aber gegen das strenge Protokoll selbst auch nicht durchsetzen, und jedes Mal, wenn die Queen nach einem kleinen Happen ihr Besteck ablegte, wurden prompt die Teller abgeräumt und umgehend der nächste Gang serviert. Wie wir aufgrund des viel kürzer getakteten Zeitplans in der Küche rotiert sind, ist unvorstellbar.

Im Rückblick würde ich sagen, dass mein Vater mit seiner sturen Haltung einen nicht unbedeutenden Beitrag zum heutigen Renommee des deutschen Weines beigetragen hat. Außer dem Wein und gutem Essen hatte unser Vater eine weitere große Leidenschaft: den Fußball. Man könnte sagen, er war wirklich ein Fußballverrückter und unterstützte nicht nur den Freiburger FC, der damals die badische Topmannschaft war und 1907 auch mal den deutschen Meistertitel errungen hatte, sondern sponserte auch die 1954er WM-Mannschaft. Nach dem »Wunder von Bern« und dem strapaziösen Siegeszug der Mannschaft durch die halbe Republik, lud er die Helden von Bern für drei Tage nach Oberbergen zum Feiern und Entspannen ein. Drei Jahre später wurde Fritz Walter der Patenonkel meines Bruders Fritz, der heute nicht nur das väterliche Erbe in Sachen Weinbau übernommen und weiterentwickelt hat, sondern auch seine Fußballleidenschaft. Allerdings nicht beim Freiburger FC, sondern, ganz sicher auch ein Stück, um damit den alten Herrn zu ärgern, beim SC Freiburg, dessen Vorsitzender er ist und für den er sehr viel Zeit aufwendet.

Ich habe dem Drängen meines Vaters dann irgendwann nachgegeben und gesagt: »Okay, dann lerne ich halt Koch.« Allerdings bin ich in meiner ersten Lehrstelle, die drei Jahre zu absolvieren war, in den ersten Monaten bestimmt vier oder fünf Mal abgehauen und mein Vater, der ja ungefähr wusste, wo ich mich herumtreibe, hat mich jedes Mal wieder eingesammelt und zurückgebracht. Es hat eine Weile gedauert, bis ich selbst gemerkt habe, dass Koch doch ein toller Beruf ist. Es ist ein wunderbares Handwerk, du kannst alles selbst machen, produzieren und selbst bestimmen, du hast ein sehr direktes Ergebnis und bekommst ein unmittelbares Feedback. All diese Punkte sind mir bis heute das Wichtigste. Den Gästen eine Freude machen. Das habe ich schon als kleiner Junge im *Schwarzen Adler* erlebt und das macht mir bis heute ungeheuren Spaß.

Ich begann meine Lehre bei Hans Beck in der *Zähringer Burg* in Freiburg. Dass ich dort gelandet bin, verdanke ich Hermann Hesse. Nein, nicht dem Schriftsteller, sondern einem ehemaligen Bergwerksdirektor gleichen Namens, der seinen Ruhestand in Freiburg verbrachte, in der Nähe zur Schweiz wohl wegen der Geldgeschäfte und in der Nähe zu Frankreich wegen des guten Essens und des Weins, denn Herr Hesse war schon damals ein Freund der gehobenen Küche und ein großer Bordeaux-Weinkenner. Aus diesem Grund tauchte Hesse dann irgendwann in Oberbergen in der Küche meiner Mutter auf. Hans Beck war sein Lieblingskoch und so kam der Kontakt zu ihm zustande. Wir wurden des Öfteren zu ihm zum Essen eingeladen und geschmeckt hat es uns dort vorzüglich, denn Hans Beck kochte unglaublich feine französische Klassiker des großen Auguste Escoffier. Also hat mein Vater gesagt: »Jetzt machst du hier mal deine Lehre, das wird dir schon gefallen.« Wie gesagt, hat es mir zunächst überhaupt nicht gefallen. Die fast militärische Strenge und der Kommandoton in der Küche, die langen Arbeitszeiten

Der Bundespräsident   Bonn, den 29. Mai 1978

Herrn
Eckart Witzigmann
"Tantris"
Johann-Fichte-Straße 7
8000   München 40

Sehr geehrter Herr Witzigmann,

nachdem der Staatsbesuch der Königin von
England beendet ist, möchte ich nicht versäumen,
Ihnen für die Vor- und Zubereitung des Essens für
die Königin am 22. Mai herzlich zu danken. Die
aussergewöhnliche Qualität der Speisen und die Zu-
sammensetzung des Menüs haben zu Beginn des Staats-
besuchs ganz ohne Zweifel zu einer guten und freundlichen Stimmung der Gäste beigetragen, die im übrigen
aus ihrem Lob für Ihre Küche keinen Hehl gemacht
haben. Es wurde auch als besonders sympathisch
empfunden, dass unter Ihrer Leitung mehrere jüngere
Kollegen Ihres Fachs an der Arbeit beteiligt waren.
Ich bitte Sie, meinen Dank auch diesen Berufskollegen
zu übermitteln, für die die Gelegenheit, für die englische
Königin zu kochen, sicherlich ein erinnerungswürdiges
Ereignis in ihrer Berufskarriere bleiben wird.

Mit freundlichen Grüssen

[Unterschrift]

Essen ist Politik. Walter Scheel dankt in seinem
Schreiben an Eckart Witzigmann für den Beitrag,
den unser Essen für eine entspannte Atmosphäre
geleistet hat.

von regelmäßig zwölf Stunden am Tag und nur ein freier Tag pro Woche. Das war, obwohl ich ja zu Hause auch schon immer mitgeholfen hatte, für einen Sechzehnjährigen eine harte Umstellung. Das Einzige was wirklich gut war, waren die sechs Wochen auf der Berufsschule in Villingen. Das war so ein Internat und Abenteuer pur. Wir haben den »Blockwart« des Schulinternats, wie wir ihn nannten, mit Wein und Gänseleber bestochen, damit wir dann nachts abhauen und um die Häuser ziehen konnten. Montags kamen wir fast alle immer zu spät, aber nicht etwa, weil wir zu lange durchgefeiert hatten, sondern weil wir natürlich samstags und sonntags arbeiten mussten. An unseren eigentlich freien Tagen mussten wir bei unseren Lehrmeistern malochen, aber das hat niemanden interessiert und uns eigentlich auch nicht besonders gestört, es war halt so.

Letztlich war die Lehre bei Hans Beck für mich ein Glücksfall, weil ich hier schon die ganze Bandbreite des Kochens kennengelernt habe. Tagsüber gab es in der *Zähringer Burg* eine anständige bürgerliche Küche. Cordon Bleu, Wiener Schnitzel und jeden Tag mussten dreißig Liter Champignon-Cremesoße angerührt werden, diese Soße bestellten die Freiburger damals sogar zum panierten Schnitzel, was einfach nur furchtbar ist und bleibt. Wir hatten zum Beispiel einen Mittagstisch, das sogenannte Abo-Essen. Dafür kamen an den Werktagen jeden Mittag ab 11.30 Uhr Handwerker, Angestellte aus den Geschäften und der Kleinindustrie, eben alle, die ein gutes und preiswertes Mittagsessen zu schätzen wussten. Der absolute Hit für unsere Mittagsgäste waren jeden Donnerstag die Belgischen Kroketten, ein Gericht, das wir in der Küche wirklich gruselig fanden. Für die Küchenmannschaft waren diese Belgischen Kroketten so etwas wie der wöchentliche Hausputz, ein klassisches Resteessen. Alles was im Kühlhaus und den Kühlschränken rumstand und wegmusste – Fleischreste, Gemüse, Zwiebeln – einfach alles, was da war, wurde zunächst durch den Fleischwolf gedreht. Dann haben wir eine schöne dicke Béchamelsoße gekocht, diese mit der gewolften Restemasse vermischt, nochmal gut aufgekocht und auf ein geöltes Backblech verteilt. Wenn diese Mischung, vorher verfeinert mit Gewürzen, Petersilie und Knoblauch kalt geworden war, sah das aus wie eine Betonplatte. Diese Krokettenfüllung aus den Gesamtresten der Woche wurde meist schon Dienstag oder Mittwoch angesetzt und sie schmeckte, abhängig von den Zutaten, auch jedes Mal anders. Am Donnerstag wurde die erkaltete und feste Masse dann in dicke Stücke geteilt, die wir danach bis zu drei Mal paniert haben. Anschließend wurden die Kroketten in der Fritteuse gebacken und mit einem frischen Salat serviert. Ich habe anfangs nicht verstanden, warum die Leute immer am Donnerstag so scharf auf dieses Essen waren. Es war ordentlich gekocht, aber wirklich das billigste Abo-Essen der ganzen Woche überhaupt. Wenn man die frittierten Kroketten mit der Gabel teilte, floss einem das Innere entgegen. Genau das war auch der Grund für die große Beliebtheit dieses Gerichts, denn es erfüllte auf einfachste Weise zwei Eigenschaften, die einen Menschen beim Essen glücklich machen. Auch wenn wir das heute manchmal vergessen: Wir Menschen sind Säugetiere und selbst wenn wir heute in einer mehr und mehr künstlich geschaffenen Welt leben, wird unser Verhalten und Wohlbefinden noch immer und vielleicht häufiger als uns selbst bewusst ist von Urinstinkten mitbestimmt. Deshalb gibt es zwei zentrale Komponenten, die, wenn man sie in einem neuen Rezept verbindet, fast jedes Gericht zu einem Hit werden lassen: Erstens muss es cremig sein und zweitens knackig. Als Säugetiere werden wir am Anfang unseres Lebens im Idealfall mit Muttermilch gesäugt. Diese tief verwurzelte Erfahrung verbindet sich beim Essen mit den cremigen Komponenten von Milch oder Sahne. Aber als grundsätzlicher Allesesser muss der Mensch auch schnappen und beißen und schätzt deshalb bei einer Mahlzeit auch das Knackige, am Beispiel unserer Kroketten die wirklich knusprige Panade aus Ei, Mehl und Semmelbrösel.

Hätte ich in meiner dreijährigen Lehrzeit in der *Zähringer Burg* nur unser Abo-Essen kennengelernt, wäre ich heute vielleicht wirklich ein Flugzeugingenieur. Aber Hans Beck war ein großartiger Koch, der im damals auch für seine Küche berühmten Schweizer Grand Hotel, dem *Baur au Lac* gelernt und gearbeitet hatte und dort auch die Escoffier-Küche eingetrichtert bekam. Er hat tatsächlich meine Begeisterung fürs richtige Kochen geweckt. Damit haben wir aber erst angefangen, wenn das Normalprogramm so gegen 21.30 Uhr beendet war. Das galt besonders an den Tagen, bevor Herr Hesse sich zum abendlichen großen Essen angekündigt hatte. Hesse war wirklich ein verrückter Gourmet. Er ließ zum Beispiel die Weine, die er zum Essen trinken wollte, von seinem Chauffeur aufrechtstehend mindestens einen Tag zuvor anliefern und wir mussten seine Flaschen viele Stunden vorher nach genauesten Anweisungen entkorken. Als Lehrlinge lernten wir durch Herrn Hesse die Spitzenküche kennen: Mousseline de Perdreau, also Rebhuhnschaum, Froschschenkel in Riesling, Gänseleberpastete bis hin zur Hirschgalantine und der Bresse-Poularde – alles nur vom Feinsten, was man damals nur wenigen Deutschen vorsetzen durfte und konnte. Ich habe in der Lehre bei Hans Beck mit viel Druck, aber auch mit viel eigener Begeisterung in der Sache endlich kapiert, was ich wirklich will, und dafür bin ich meinem ersten Lehrmeister bis heute dankbar.

Allerdings kam ich in der *Zähringer Burg* auch zum ersten Mal mit einem Problem in Berührung, das bis heute die Gastronomie quer durch alle Bereiche begleitet: die Suchtkrankheiten – über das Saufen von Wein und Champagner bis zum Schnaps und auch den ganz harten Drogen. Ich kenne so einige Kollegen, die damit zu kämpfen hatten, und der Grund war stets derselbe: Der mörderische Stress. Gerade wenn man auf Sterne-Niveau kocht, zerrt ein sehr vielschichtiger Stress an deinen Nerven. Die Qualität deiner Küche, die Gäste, die Ökonomie, die langen Arbeitszeiten. Es ist schon anstrengend, sich den ein oder anderen Stern zu erkochen, aber der Erfolg und das Glücksgefühl, das sich einstellt, wenn du deine Sterne vom Himmel geholt hast, wiegt in den seltensten Fällen die Anstrengung und die Angst davor auf, deine Sterne wieder zu verlieren. Man braucht schon eine robuste Natur, um den Sterne-Zirkus halbwegs unbeschadet zu überstehen.

Mein Küchenchef Hans Beck war das, was man landläufig wohl als einen echten Quartalssäufer bezeichnen würde. Das habe ich aber erst beim dritten Vollmond gemerkt. Mein Chef ist dann regelmäßig drei, vier Tage ausgefallen, aber die Familie, seine Mutter und seine Frau, haben so getan als ob nichts wäre. Er wurde einfach in den Weinkeller eingesperrt. Und das war ein Problem, denn in der Küche waren nur drei Lehrlinge. Uns sind die Bons und Bestellungen um die Ohren geflogen und wir sind im wahrsten Sinne des Wortes untergegangen, abgesoffen, weil der Chef und Kapitän eben nicht mit an Bord war. Das haben natürlich auch die Gäste gemerkt, weil die Gerichte, die normalerweise nach einer Viertelstunde auf dem Tisch vor dem Gast standen, plötzlich fast eine Stunde auf sich warten ließen. Als mir klarwurde, dass sich dieses Schreckensszenario in regelmäßigen Abständen wiederholen würde, startete ich zum ersten Mal in meinem jungen Leben eine Revolution, einen Aufstand gegen die aufgestellten Regeln der Alten! Auslöser dafür war der Moment, als der älteste Lehrling das Handtuch schmiss, weil er sich ausgenutzt fühlte und auch völlig verzweifelt war. Nun sollte ich also, wenn der Alte soff, als Sechzehnjähriger mit zwei noch jüngeren Lehrlingen die Küche schmeißen. Zunächst versuchte ich, das Thema vorsichtig bei der Mutter anzusprechen, die ihren Sohn in den Saufphasen in den Weinkeller sperrte, in dem neben einer großen Auswahl guter Weine zum Glück für alle Beteiligte auch eine Toilette vorhanden war. Irgendwann nach Tagen tauchte er dann mit hochrotem Kopf wieder auf, aber niemand durfte dieses Thema ansprechen. Ich habe es einmal versucht, eigentlich in der besten Absicht, um die Küche für die nächste Suffattacke besser vorzubereiten. Doch als ich mich vorsichtig vorwagte, hat er mich komplett zur Sau gemacht. Was mir einfiele, ihn als kleiner Lehrling überhaupt auf dieses Thema anzusprechen. Wirklich schlimm. Vor dem nächsten Vollmond habe ich im Stillen eine verkleinerte Speisekarte vorbereitet und mit der Schreibmaschine abgetippt. Als Hans Beck dann tatsächlich wieder in seinem Weinkeller untergetaucht war, ich bin zur Mutter gegangen und habe ihr gesagt: »Bis der Chef wieder da ist, gibt es ab sofort nur diese kleine Speisekarte, basta! Nur so kann ich garantieren, dass das Essen pünktlich auf dem Tisch steht.« Die Mutter ist ausgeflippt und hat mich angebrüllt: »Das machen wir nicht, keine Diskussion.« Als dann die Bestellbons wie üblich in der Küche abgeworfen wurden, haben die zwei jungen Lehrlinge und ich gestreikt und gesagt: »Okay, dann gibt es heute eben nichts zu essen.« Die Mutter und die Kellner haben uns zusammengestaucht, aber wir haben uns durchgesetzt. Es gab dann nur noch meine reduzierte Karte. Das hat auch wunderbar funktioniert. Die Kellner haben die Gäste informiert, dass es auf Grund eines Ausfalls in der Küche eine reduzierte Speiseauswahl gab und alle Bestellungen gingen pünktlich raus. Interessanterweise hat uns auch der Chef, als er wieder nüchtern war, auf unseren Lehrlingsaufstand in keiner Weise angesprochen und das Thema war ein für alle Mal durch. Ich habe also sehr früh auch die Schattenseiten, Gefahren und Grenzbereiche dieses tollen Berufs mit allen Konsequenzen kennengelernt und bis heute bemerken wir auch in unserer *Adler Wirtschaft* in Hattenheim immer wieder die Auswirkungen des Vollmonds. Das ist immer die Zeit, in der wir mit einigen Gästen schon mal Schwierigkeiten bekommen können. Die Leute sind dann viel öfter schlecht drauf oder unzufriedener, leicht gereizt, oder Paare kommen ins Lokal und haben schon Stress miteinander. An diesen Tagen sollte man mit den Gästen grundsätzlich noch sensibler umgehen, oder man schmeißt sie gleich raus, sollte es dann doch notwendig werden, um die gute Stimmung im ganzen Laden wahren zu können.

Als junger Comis (Vierter von links) Anfang der siebziger Jahre
vor der Küche von Paul Bocuse. Monsieur Paul war ein strenger
Lehrmeister und in der Küche ein Pedant. Für ihn zählte nur das
perfekte Ergebnis auf dem Teller, aber bei ihm habe ich auch die
wahre Idee der Nouvelle Cuisine kennen gelernt: die Freiheit des Kochs.

Star Wars –
Mein Aufstieg zu den Sternen

Nachdem ich meine Lehre bei Hans Beck beendet hatte, meinte ein Freund meines Vaters, Léon Beyer aus Eguisheim, ich müsste jetzt unbedingt zu Paul Bocuse nach Lyon, um dort richtig kochen zu lernen. Beyer, ein schon damals renommierter Winzer aus dem Elsass, hatte beste Beziehungen in die französische Gastronomie und fuhr dann mal mit meinem Vater bei Bocuse vorbei. Beyer erzählte ihm von unserem tollen Sternerestaurant in Oberbergen, dass wir dort schon reichlich Bordeaux verkaufen würden und jetzt unbedingt die französische Küche nach Deutschland bringen müssten. Außerdem wäre ich ein wirklich talentierter Kerl. Bocuse aber wollte eigentlich nur wissen: »Kann der kochen, arbeitet der, hält er die Schnauze und spricht er Französisch?« »Nein«, sagte mein Vater, »Französisch spricht der Franz nicht.« »Okay«, meinte dann Bocuse, »dann muss er erst mal woanders hin.« Das war eigentlich sein Prinzip. Bocuse war damals schon der Drei-Sterne-Star in Frankreich und konnte sich seine Köche aussuchen. Und wenn er für den ein oder anderen keine direkte Verwendung hatte, schickte er sie zu Freunden und in kleinere Ein- oder Zwei-Sterne-Restaurants, die gerade Leute suchten. Man könnte es auch so formulieren: Um zu Bocuse zu kommen musste ich nicht nur die Sprache lernen, sondern ich musste mich zuerst einmal hocharbeiten. So landete ich also zunächst einmal bei Jean Ducloux und in seinem Restaurant *Greuze* in Tournus. Ducloux war ein begnadeter Koch und verkörperte das, was man als »l'art de vivre à la française« bezeichnet, die französische Kunst zu leben. Er hatte seinen ersten Michelin-Stern schon 1949 gewonnen und bekam 1978 einen zweiten, aber das war schon nach meiner Zeit bei ihm. Meine weitere Berührung mit der großen französischen Küche, von der Pâté en croûte über das Poulet de Bresse bis zu den Soufflés, war nicht einfach, denn in Tournus sprach wirklich keiner Deutsch und ich musste verdammt schnell Französisch lernen, um wenigstens in der Küche zu verstehen, wo es langgeht. Versagen durfte ich nicht, denn mein Ziel hieß schließlich Paul Bocuse. Doch bis dahin sollte es noch ein Weilchen dauern, denn Jean Ducloux schickte mich nach vielen Monaten zunächst mal weiter ins *Léon de Lyon* zu Paul Lacombe. Immerhin war ich so schon mal in Lyon, ich näherte mich also an. Lacombe war eigentlich gelernter Metzger und erinnerte mich vom Typ her an Hans Moser, aber nicht nur deshalb habe ich ihn von Anfang an gemocht. Lacombe interessierte weniger Ruhm und Ehre, er wollte Geld verdienen, liebte den Wein, die Schweizer Alpen und große Luxusautos. Und als Metzger wusste er, wie wichtig die guten Grundprodukte für eine gute Küche sind. Noch bevor ich also bei Bocuse zum ersten Mal die Drei-Sterne-Küche wirklich kennenlernte, hat mir Lacombe eine ganz wesentliche Erkenntnis vermittelt, die sehr viel mit meiner Philosophie »Vom Einfachen das Beste« zu tun hat. Ich habe bei ihm verstanden, wie gut und wichtig es ist, auch die Sterneküche von unten zu denken und zu begreifen. Ein Bewusstsein für die Qualität der Produkte zu entwickeln und auch das Einfache zu kultivieren und auf die denkbar beste Art zuzubereiten. Denn wer das Einfache und Alltägliche nicht beherrscht, sollte gleich die Finger von der großen Küche lassen!

Eines Morgens klingelte dann bei Lacombe ganz unvermittelt das Telefon. Bocuse saß in der Scheiße. Er hatte ein paar Köche gefeuert und brauchte dringend Ersatz. Jetzt war ich an der Reihe und durfte einen Tag später antreten. Ich merkte schnell, was der Grund für die hohe Fluktuation bei Bocuse war. Bocuse war ein Pedant und, wenn es um seine Küche ging, einfach ein fürchterlicher Tyrann. Wir hatten hier jeden Monat zwei bis drei Abgänge von jungen Köchen, die gefeuert wurden, weil sie den Ansprüchen von Bocuse nicht genügten oder weil sie ganz einfach platt waren und nicht mehr konnten. Bocuse war streng und wenn man es genau nimmt, war die Maloche in seiner Küche echte Sklavenarbeit. Eine Knochenmühle und wirklich nichts für Feiglinge. Die Fremdenlegion kann nicht viel schlimmer sein, dachte ich damals oft. Andererseits konnte ich seine Detailversessenheit und die Disziplin, die er von seinen Köchen einforderte, auch gut verstehen. Das Einzige, was für ihn wirklich gezählt hat, war das Endprodukt auf dem Teller: Schmeckte es, ist es gut, und wurde es genau so reproduziert, wie es gemäß den Vorgaben des Meisters sein sollte. Wir waren immer mindestens achtzehn Köche in der Küche und in einer strengen Hierarchie organisiert. Ganz oben der Chef de Cuisine, also der Küchenchef und sein Stellvertreter, der Sous-Chef. Dann gab es bis zu sieben Posten, den Gardemanger für die kalten Speisen, den Poissonier für den Fisch, den Entremetier für Gemüse und sonstige Beilagen, Rôtisseur für das Fleisch, den Saucier für die Soßen und den Patissier für die Desserts und Süßspeisen. Auf den einzelnen Posten gibt es dann in der Regel jeweils einen Chef de Partie und der hat dann gewöhnlich mindestens einen Comis und ein bis zwei Lehrlinge zur Unterstützung. Wenn man in dieser Hierarchie ganz unten steht, hat man nicht viel zu melden und muss ganz einfach funktionieren. Ich war zudem der erste Deutsche in der Küchenmannschaft von Bocuse und auch das bekam ich anfangs deutlich zu spüren. Bocuse konnte mich gut leiden, was sicher vor allem daran lag, dass ich den nötigen Ehrgeiz mitbrachte und mich vom Druck in der

Küche nicht unterkriegen ließ. Schon nach drei Monaten »beförderte« er mich zum Tournant. Das kann man Glück nennen oder auch Pech, denn im Prinzip hat der Tournant den beschissensten Job von allen. Das Restaurant hatte ja jeden Tag geöffnet und der Tournant, also der Springer, wurde immer dort eingesetzt, wo gerade ein Koch fehlte, weil der einen freien Tag hatte, krank war oder das Weite gesucht hatte. Gerade als Tournant ließen mich die Kollegen öfter spüren, was sie von einem Deutschen hielten. Wenn so ein Postenchef sechs Tage gearbeitet hatte bis zu seinem nächsten freien Tag, dann wurde er schon am fünften Tag deutlich langsamer und statt mir einen gut organisierten und vorbereiteten Posten zu übergeben, war der des Öfteren bei der Übergabe ziemlich leer geräumt und ich musste den Posten erst einmal mit allen nötigen Zutaten neu aufbauen. Ich ließ mich davon jedoch nicht beirren, sondern empfand meine neue Rolle eher als Glücksfall. Das Gute daran war, dass ich schnell gelernt habe, die Posten und alle Details der Küche zu organisieren und schon nach einem halben Jahr so ziemlich alles draufhatte und wusste, wie der ganze Laden bei Bocuse funktioniert. Das ist das große Geheimnis der Sternegastronomie: die perfekte Organisation in der Küche. Bocuse wurde ja auch immer wieder gefragt, wer eigentlich kocht, wenn er auf Reisen ist, und er antwortete ganz lapidar: »Dann kochen dieselben, die auch kochen, wenn ich da bin!« Diesen Satz kann man durchaus als Kompliment an eine gute Küchenmannschaft verstehen. Die hoch dekorierten Sterneköche stehen also nicht dauernd selbst am Herd. Sie arbeiten wie Erfinder, die ihre Vorstellungen vom Essen und dem perfekten Genuss in realisierbare Rezepte übersetzen. Sie müssen über ein großes Organisationstalent verfügen, um ihre Küche so zu strukturieren, dass ihre Rezeptur bei jeder Bestellung bis ins Detail genau umgesetzt wird. Sie sind die Regisseure, die für die gesamte Inszenierung verantwortlich sind und ihre Küche deshalb militärisch streng dirigieren, aber auf der Restaurantbühne ihr Publikum als unterhaltsame Charmeure begrüßen und unterhalten. Wenn sie auch noch gute Geschäftsleute sind, dann können sie sich einen Legendenstatus wie Bocuse erarbeiten, vor dem ich als Mensch und Koch respektvoll den Hut ziehe. Wie groß dieses »Monument national« in Frankreich wirklich war, konnten alle erleben, die zum Abschied zu seiner Trauerfeier nach Lyon gekommen waren. Ein Seitenschiff der Lyoner Kathedrale war nur für die bestimmt 800 Spitzenköche aus aller Welt reserviert, die alle ihre weißen Kochjacken trugen. Alle, bis auf einen Kollegen aus Italien, der wohl auch in seiner Küche schwarz trägt und hier wie ein schwarzes Schaf aus der Menge besonders herausstach, ganz sicher aber nicht positiv. Der französische Innenminister und frühere Bürgermeister von Lyon, Gérard Collomb, war da und wahrscheinlich wäre auch Präsident Macron gerne gekommen, jedenfalls kam, kurz nachdem bekannt wurde, dass Monsieur Paul verstorben ist, eine Pressemeldung von ihm heraus, in der er den Tod bedauerte. Der Andrang war so enorm, dass die Trauerfeier vor der Kirche in ein großes Zelt übertragen wurde. So etwas wäre hier in Deutschland leider undenkbar. Für die Trauernden und uns Köche hielt Marc Haeberlin aus Illhaeusern im Elsass die Trauerrede und verabschiedete unseren großen Meister und Mentor mit dem Spruch, den Bocuse so oft seinen Gästen zugerufen hat: »Guten Appetit und großen Durst.« Als sein Sarg aus der Kirche getragen wurde, haben die anwesenden Trauergäste zwanzig Minuten stehend applaudiert. Das war unglaublich ergreifend und mir ist es eiskalt den Rücken runter gelaufen.

Ich habe mir damals mit Fleiß und guter Arbeit Respekt von Bocuse und auch ein paar kleine Privilegien erarbeitet, wenn man das so nennen kann. Weil ich ab und an auch mal nach Hause wollte, habe ich drei, vier Wochen am Stück gearbeitet, um dann auch drei, vier Tage frei zu haben. Allerdings wurde ich nicht selten noch um einen freien Tag beschissen. Ich habe beispielsweise nach fünf langen Wochen bis Sonntag zwölf Uhr gearbeitet, hatte dann Montag, Dienstag und Mittwoch frei und musste oft schon wieder am Donnerstagabend zurück sein. Heute weiß ich nicht mehr, wie ich das überhaupt ausgehalten habe. Es war wirklich ein harter Rhythmus. Unsere erste Schicht begann um neun Uhr am Vormittag und dauerte bis halb vier. Dann hatten wir bis achtzehn Uhr frei und danach ging es weiter bis Mitternacht. Nach der Schicht sind wir nicht selten noch bis drei Uhr morgens um die Häuser gezogen und haben getrunken und gefeiert, um die Hektik des Tages abzubauen.

Ich hatte also den härtesten Job in der Küche und habe mir langsam das Vertrauen des Chefs erarbeitet. Monsieur Paul war ja damals auch sehr viel unterwegs. Er hatte gerade sein erstes Restaurant in Japan eröffnet und musste dort auch immer mal vorbeischauen. Wenn Bocuse also mal wieder auf Reisen war, durfte ich den Einkauf übernehmen. Das war schon eine gewisse Auszeichnung, aber vor allem hatte ich dann auch das Auto von Bocuse mit dem französischen Gockel und dem großen farbigen Logo in fetten Lettern drauf. Selbstverständlich habe ich das ausgenutzt und manchmal nach der Schicht die Jungs mit in die Karre gepackt, die Ladefläche voll mit Köchen, um nach Lyon ins Quartier rund um die Rue Saint Cyr zu fahren oder gleich zum »Boulevard de Ceinture« vor der Stadt, wo die »Schwalben« die ganze Nacht wartend rumstanden und nach Küchenschluss noch was los war. Nach so einer langen Samstagnacht standen wir am Sonntag früh ab 8.30 Uhr mit viel schwarzem Kaffee wieder alle Mann in der Küche. Gegen dreizehn Uhr, mitten im Service, alle voll unter Strom und mit den Mittagsmenüs beschäftigt, kam der Alte noch schneller als sonst und plötzlich mit einem sehr lauten »Fraaanz!« in die Küche gestürmt. Der Bürgermeister von Lyon

Die Küchenmannschaft von Paul Bocuse Anfang der siebziger Jahre vor seinem Stammhaus, dem legendären Restaurant *L' Auberge du Pont de Collonges* in Collonges-au-Mont-d'Or. Seit 1964 wurde Bocuse ununterbrochen mit drei Sternen ausgezeichnet, ein Rekord für die Ewigkeit. 1989 ernannte ihn der Gault-Millau zum »Koch des Jahrhunderts«.

war an diesem Tag mit großer Gesellschaft zum Mittagessen gekommen. Schon bei der Begrüßung hatte er Bocuse zur Seite genommen und ihm lächelnd zugesteckt: »Paul, wenn du in der Nacht noch unterwegs bist, würde ich das Auto nicht unbedingt am Straßenrand des Boulevard de Ceinture abstellen.« »Fraaanz«, kam also Bocuse polternd und noch lauter wie üblich in die Küche gestürmt, »was hast du mit meinem Auto gemacht mitten in der Nacht, du spinnst wohl und fährst besoffen damit durch die Gegend, wehe das passiert nochmal!!« Dann sagte er mit einem Lächeln deutlich leiser, aber vor der ganzen Brigade »Und wenn du es noch mal machst, dann versteck das Auto besser, du Idiot.« Das war besser, als es jede Gehaltserhöhung je hätte sein können.

Bocuse und die Frauen, dieses Thema könnte ein weiteres Buch füllen. Es gibt viele, die haben ihn schlicht für einen Macho gehalten, was seinen manchmal auch echt derben und häufig kolportierten Sprüchen zu verdanken ist, wie dem, wonach »Frauen ins Bett, aber nicht in die Küche« gehören. Das kann man bewerten, wie man will und ich glaube, Bocuse konnte sich wirklich nicht vorstellen, dass eine Frau in der Küche »ihren Mann« stehen kann. Frauen in der Bundeswehr gibt es in Deutschland ja auch erst seit einigen Jahren. Ich würde jedoch sagen, Monsieur Paul hat die Frauen wirklich geliebt. Er lebte über Jahrzehnte mit gleich drei Frauen zusammen, von denen er nur seine erste, Raymonde, heiraten konnte. Bocuse war eben nicht nur mit seiner Küche ein Verführer. Mit seinem Charme und Charisma wickelte er nicht nur seine Gäste um den Finger. Er machte daraus auch kein großes Geheimnis, sondern lebte das ganz offen. »Ich mache das, wovon die meisten Männer träumen«, gab Bocuse ganz selbstbewusst zur Antwort, wenn er von Journalisten mal wieder nach seinem doch etwas anderen Lebensstil befragt wurde. Das alles schmälert nichts an der Leistung dieses Jahrhundertkochs, der sich ein globales Genussimperium geschaffen hat, mit heute über zwanzig Restaurants und sicher 700 Angestellten. Seit 1965 wurde er für sein Stammhaus durchgehend mit drei Sternen ausgezeichnet – ein Rekord für die Ewigkeit. 1975 wurde er vom damaligen Präsident Valéry Giscard d'Estaing zum Ritter der Ehrenlegion ernannt. Aus diesem Anlass zelebrierte Bocuse gemeinsam mit zwölf Spitzenköchen wie Paul und Jean-Pierre Haeberlin, Michel Guérard oder Jean Troisgros ein Fünf-Gang-Menü, das sie anschließend gemeinsam mit dem Präsidenten im Élysée-Palast zu sich nahmen. Die Trüffelsuppe »La soupe aux Truffes V.G.E.«, die er damals eigens für den Präsidenten kreierte, ist bis heute auf der Speisekarte seines Restaurants zu finden.

Der erste Ausländer bei Bocuse war ein Österreicher, der wunderbare Eckart Witzigmann, der mir bis heute ein guter Freund ist. Witzigmann hatte ja bei Paul Haeberlin in Illhaeusern gearbeitet. Die Haeberlins sind ein ganz toller Familienbetrieb. Da geht es auch heute noch sehr nett und freundlich zu. Das ist so ziemlich das Gegenteil der harten Schule bei Bocuse. Ich war der erste Deutsche. Schon während meiner Zeit bei Bocuse kam auch der erste Japaner ins Stammhaus mach Collonges-au-Mont-d'Or, schließlich musste Monsieur Paul, der gerade den japanischen Markt eroberte, auch den fernöstlichen Nachwuchs ausbilden. Einmal kam ein Journalist vorbei und fragte Bocuse, warum er Deutsche und Japaner in seiner Küche beschäftigen würde. »Das kann ich sehr leicht erklären«, antwortete Bocuse nach kurzem Überlegen. »Wenn ich einem Italiener erkläre, wie er auf seinem Posten zu kochen und das Essen anzurichten hat, dann merkt der sich das vierzehn Tage. Danach wird er kreativ, macht es, wie er es für richtig hält, und wird schlampig. Ein Franzose hält sich unkontrolliert drei Monate an meine Anweisungen, bei einem Deutschen funktioniert das ungefähr sechs Monate. Einem Japaner sagst und zeigst du es einmal und er macht es dann sein ganzes Leben genau so.«

Bocuse war streng und ein echter Kontrolletti, aber das ist nicht nur in einem Drei-Sterne-Laden wichtig und absolut richtig. Er hatte schon von seinem Lehrmeister Fernand Point gelernt, dass eine große Küche, die »Summe vieler Kleinigkeiten ist, die man richtig macht«. Und das ist in keiner Küche eine einfache Aufgabe. Es gab ja immer mal Kollegen, die meinten, man könnte die Arbeitsprozesse effektiver gestalten. Einer schlug mal vor, dass wir den Wolfsbarsch doch alle gemeinsam bearbeiten könnten. Einer schuppt, einer nimmt ihn aus, der Dritte filetiert und so weiter. Aber das war mit Bocuse nicht zu verhandeln. So nett und charmant er mit den Gästen und in der Öffentlichkeit sein konnte, in der Küche war er knallhart und duldete keinerlei Kompromisse oder Ablaufänderungen. Ich kann das verstehen. Du hast einen Tisch mit vier Menüs und alle vier Gänge müssen ja immer gleichzeitig fertig sein, gleichzeitig aufgetragen und gleichzeitig weggetragen werden. Diese Gleichzeitigkeit, das exakte Timing, gehört ganz zentral zum Wesen der gehobenen Küche. Und deshalb brauchst du in einem Sterne-Tempel auch so viele Köche, Kellner und Servicekräfte. Das ist auch der Grund, warum die Drei-Sterne-Läden in Deutschland oft so klein sind. Die haben dann fünf Tische, machen ihr Menü für 25 Gäste und trotzdem arbeiten in der Küche noch acht bis zwölf Leute. Das ist tatsächlich ein deutsches Phänomen, in Frankreich und sonst wo auf der Welt sind die Drei-Sterne-Restaurants meistens sehr viel größer. Ich habe damals den »Smic« bekommen, den französischen Mindestlohn von 1 200 Franc, also umgerechnet rund 400 Mark. Wir kannten nichts anderes und haben dafür quasi rund um die Uhr gearbeitet. Ich habe mich trotzdem nicht ausgenutzt gefühlt. Ich fand es toll, weil ich wusste, ich gehöre jetzt zur echten Kochelite und habe die Chance, später meinen eigenen Laden zu machen.

Ich hatte hier auf meinem Falkenhof kürzlich mal eine junge Frau aus der Schweiz. Die war total ambitioniert und wir haben

Anders als in Deutschland hat der französische Staatspräsident
im Élysée-Palast selbstverständlich seit jeher seine eigene Küchenmannschaft, die es mit jedem Drei-Sterne-Laden aufnehmen kann.
Marcel le Servot (rechts) war 17 Jahre lang der Küchenchef
im Élysée. Da ich mehrfach für den damaligen Bundespräsidenten
Walter Scheel gekocht hatte, galt ich im Ausland als Küchenchef
des Bundespräsidenten und wurde deshalb auch zum kulinarischen
Austausch zu den Treffen in den *Club der Chefs des Chefs* (C.C.C)
eingeladen. Der C.C.C ist ein Verband von Chefköchen von
Regierungschefs und Staatsoberhäuptern einzelner Staaten und
versteht sich selbst als »exklusivster Gastronomieverband der Welt«.

ein halbes Jahr lang immer wieder telefoniert, weil sie unbedingt ein Praktikum bei mir machen wollte. Ich habe sie immer wieder gefragt, ob sie das wirklich will und habe mich dann überreden lassen. »Okay«, habe ich gesagt, »wenn du wirklich bereit bist, kannst du drei Monate zu mir kommen.« Nach einem Monat hat das Mädel dann in den Sack gehauen. Als sie vor mir stand, um zu kündigen, habe ich sie gefragt, was denn los sei. Sie meinte dann, es sei ja wirklich toll, hier auf dem Falkenhof und in der *Adler Wirtschaft* helfen zu können. »Aber ich fühle mich so einsam und weiß jetzt gar nicht mehr, ob ich wirklich kochen will.« Und warum ist sie gegangen? Weil ihr die Mama in der ersten kleinen Krise gleich die Kohle für die Heimfahrt geschickt hat. Ich habe sie ja auch gut bezahlt, denn Praktikanten ausbeuten mache ich nicht, das finde ich nicht fair. Meine Schweizerin ist trotzdem gegangen, von heute auf morgen. So ist das heute. Ich habe das Gefühl, dass die jungen Leute nicht mehr so belastbar sind wie damals. Sie haben kein echtes Durchhaltevermögen mehr, nicht einmal unbedingt, weil es ihnen an Kraft oder Energie fehlen würde. Es liegt eher daran, dass sie gar nicht mehr richtig wissen, was sie wirklich wollen. Die Welt ist heute zum global vernetzten Dorf geworden, aber einen Platz in dieser Welt zu finden, eine Idee zu entwickeln, was man mit seinem Leben anfangen will, fällt jungen Menschen heute offensichtlich sehr viel schwerer. Sie haben Smartphones mit Skype und WhatsApp, aber fühlen sich einsam auf einem Bauernhof mit Menschen und Tieren. Ich hatte damals ja gar keine andere Wahl, aber als ich endlich in Frankreich war, habe ich gedacht, toll, das macht Spaß, endlich mal raus aus der Provinz. Ich war völlig begeistert und habe mir den Arsch aufgerissen. Wir hatten zwar keine Kohle, und von meinem kümmerlichen Smic musste ich schon die Hälfte für die Miete abdrücken. Aber das war mir echt egal. Wir mussten auch unterschreiben, dass wir nur neun

Stunden gearbeitet haben, obwohl wir in Wirklichkeit eher einen Achtzehn-Stunden-Tag hatten. Bei Bocuse sind die Pfannen geflogen und er hat gesagt, friss oder stirb. Damals standen bei Bocuse vierzig Leute Schlange, die dort unbedingt arbeiten wollten. Wir haben jeden Monat fünf bis sechs neue Köche bekommen und davon ist vielleicht einer geblieben, die anderen wurden wieder gefeuert, weil sie nicht gut waren, oder sie sind gegangen, weil sie nicht Tag und Nacht am Herd stehen wollten. Doch sobald einer draußen war, stand sofort der nächste in der Küche. Die standen alle Spalier. Ich habe eineinhalb Jahre durchgehalten, eigentlich viel länger, als ursprünglich geplant. Mein Vater drängelte schon im Hintergrund, denn er wollte, dass ich endlich nach Hause komme. Auf meinen Besuchen in der Heimat flossen zwar meine Erfahrungen schon in die Küche ein und wir hatten inzwischen auch zwei Köche aus dem Elsass, die meine Mutter unterstützten, aber eigentlich war der *Schwarze Adler* immer noch ein kleiner Landgasthof und alle warteten auf mich.

Mein Traum war allerdings ein anderer. Ich wollte unbedingt noch nach Paris. Bocuse konnte als Lyoner die Pariser ja nicht sonderlich leiden, aber er machte mir trotzdem ein verlockendes Angebot. Als ich nach rund einem Jahr zu ihm kam und meinte, ich müsse jetzt mal nach Hause, war Bocuse gerade mal wieder mächtig in der Klemme. Er musste für einen Monat nach Japan und sein Küchenchef fiel mit einem Magendurchbruch aus. Er sagte also, »Franz, du kannst jetzt nicht gehen, aber wenn du ein halbes Jahr länger bleibst, verschaffe ich dir einen Job in einem tollen Laden in Paris.« Ich verlängerte also und Bocuse hielt sein Wort. Eines Tages kam er und sagte, ich könne in Paris bei Michel Guérard im *Pot-au-Feu* anfangen. Guérard hatte damals auch schon zwei Sterne und das *Pot-au-Feu* war in Paris zu dieser Zeit die Topadresse. Das Restaurant hatte mal gerade 36 Plätze, eine winzige Küche und war ein halbes Jahr im Voraus ausgebucht.

An der Tür spielten sich regelmäßig wahre Dramen ab, denn alle Gäste mussten ihre Reservierungen 24 Stunden vorher noch einmal bestätigen. Wer das vergessen hatte, der hatte Pech. Da gab es kein Pardon. Auf der Warteliste standen regelmäßig locker noch zwölf Gäste, die sich dann riesig freuten, wenn sie doch noch einen Tisch ergattern konnten.

Zum Abschied schenkte mir Monsieur Paul eine uralte deutsche Ausgabe von Auguste Escoffiers *Kochkunstführer*. Das Original dieses Standardwerks der französischen Küche war 1903 erschienen und Bocuse hatte die deutsche Ausgabe auf einem Antikmarkt entdeckt. Er fand den Begriff Kochkunstführer so toll und fragte mich, ob er nicht auch die deutsche Übersetzung seines Kochbuchs so benennen sollte. Ich habe ihm dann erklärt, welche Konnotation das Wort »Führer« in Deutschland hat und dass es wahrscheinlich keine so gute Idee wäre, diesen Titel für sein Kochbuch zu wählen. An meinem letzten Tag überreichte er mir das Buch mit einer liebevollen Widmung: »Franz Keller, Führer de la cuisine allemande.«

Ich freute mich auf Paris und Michel Guérard, der war wirklich ein Verrückter und galt ja als einer der Begründer der Nouvelle Cuisine. Er hatte damals jedenfalls gerade mit den riesigen Tellern angefangen, auf denen kaum etwas drauf war. Ich erinnere mich noch, er hatte die Fasanen-Teller von Villeroy & Boch. Das wäre in Lyon bei Bocuse unmöglich gewesen, deutsche Teller in einem französischen Restaurant! Im Unterschied zu Guérard verzichtete Bocuse auf alle Dekoration. Das Einzige, was da auf seinen weißen Tellern mit dem Goldrand stand, waren seine Initialen. Ich würde heute die »Erfindung« der Nouvelle Cuisine auf mehrere Schultern und Mützen verteilen. Der erste große Revolutionär der französischen Küche war gewiss Auguste Escoffier (1846–1935). Er legte die Grundlagen für die moderne französische Küche. Escoffier ließ die alte Küche mit diesen riesigen

Rezepturen und üppigen Garnituren hinter sich und sagte: »Es kommt nur noch auf die Platte, was gegessen wird und auch gegessen werden kann.« Fernand Point (1897–1955), ein Schüler Escoffiers, war dann einer der Ersten, der die Unabhängigkeit und Freiheit des Kochs durchsetzte. Point sagte: »Ich möchte kein Hotel, ich möchte kein Frühstück machen, und ich möchte die Gäste am Abend auch wieder loswerden.« Also gründete er sein Restaurant *La Pyramide* in Vienne und ließ es sich dort auch nicht nehmen, seine Küche zu verlassen und mit den Gästen zu plaudern. Auch das war damals etwas völlig Neues. Früher waren auch die Spitzenköche angestellt, bei Gutbetuchten und Adeligen oder in den großen Hotels. Der Koch war nicht mehr als ein Erfüllungsgehilfe des Hoteliers, der Haus- und Hofmeister oder der Servicechefs. Köche rangierten im dritten Glied. Sie waren die Küchenbullen, haben geschafft wie die Tiere und waren vom Ansehen vielleicht knapp über dem Spüler angesiedelt. Der Oberkellner war der Chef im Ring. Der kam in die Küche, warf seinen Bon ab, sagte, was der Gast zu speisen wünschte, und verschwand mit einer arroganten Drehung. Mit Fernand Point fingen die Köche an, selbstständig zu werden, denn für Point war klar, um groß kochen zu können, muss ich mich frei bewegen können. Der Koch erfüllt nicht mehr die Wünsche des Gastes, sondern er sagt: »Das ist meine Küche! Und ich alleine entscheide, was es hier zu essen gibt.« Das war die eigentliche Revolution schon vor der erst viel später aufkommenden Nouvelle Cuisine. Damit waren die Zeiten vorbei, als Madame Comtesse Trallala im *Ritz* in Paris noch zum Oberkellner sagen konnte, »Oh, ich hätte heute gerne ein Omelett mit schwarzen Trüffeln«, und der Oberkellner dann dienstbeflissen in die Küche eilte und den Koch anschnauzte: »Ich brauche ein Omelett.« Das war bei Point oder später bei seinem Schüler Bocuse nicht mehr möglich. Da hätte sich keiner mehr getraut zu sagen, ich möchte dies oder das. Da gab es eine Karte und weil sie große Chefs waren, bot diese Karte eine große Auswahl, denn sie wollten zeigen, was sie alles können. Damals hat ja auch das Personal nichts gekostet. Wir waren bei Bocuse immer rund zwei Dutzend Köche, alleine zwei davon nur in der Patisserie. Wir waren mehr Leute in der Küche als im Service. Und das war, wenn man so will, die Kehrseite dieser Revolution. Mit dem Aufstieg der Köche begann die Degradierung des Servicepersonals. Mit Bocuse begann der große Hype um die Küchenstars und Bocuse war es, der dann den Tellerservice einführte. Als es noch großen Platten gab, hat der Service das Essen präsentiert und tranchiert und auf die Teller portioniert. Bocuse sagte, bis die da draußen fertig sind, ist das Essen ja kalt und in seinem Restaurant kamen so fast alle oder die meisten Gänge fertig angerichtet auf Tellern aus der Küche. Die nicht selten überheblichen Kellner waren plötzlich zu bedeutungslosen Tellerträgern geschrumpft.

Bocuse war einer der ersten großen Stars der französischen Küche, gemeinsam mit Michel Guérard und seiner Nouvelle Cuisine in Paris, die eigentlich nur von ihm selbst sehr konsequent auch umgesetzt wurde. Daraus entwickelte er später mit seiner »Cuisine Minceur« eine noch viel weitergehende, sehr reduzierte Küche, bei der er mit viel Erfolg auch geblieben ist. Darunter ist eine große, aber doch sehr leichte und magere Küche zu verstehen. Guérard verzichtete auf Butter und die schweren Zutaten. Bei ihm kann man wunderbar essen und gleichzeitig abnehmen. Mir und vielen anderen geht das aber entschieden zu weit.

Als ich im *Pot-au-Feu* anfing, lernte Michel Guérard gerade seine Frau kennen. Sie hat sich damals sehr um ihn bemüht und kam über Monate hinweg ein bis zwei Mal in der Woche zum Essen und hat den Michel ordentlich angeflirtet. Ich weiß gar nicht, wie sie es geschafft hat, überhaupt so oft einen freien Patz zu kriegen, wir waren doch ständig überbucht. Das Problem war aber, dass Michel damals noch eine deutsche Freundin namens Barbara hatte, die sich das Balzgehabe von Madame von hinter der Theke mit ansehen musste und stinksauer war. Und irgendwann ist die Sache eskaliert. Wie gesagt, die Küche im *Pot-au-Feu* war winzig. Deshalb war die Patisserie und der Gardemanger im Keller untergebracht, in den eine steile Treppe führte. Die kalten Vorspeisen und Desserts mussten von unten in die Küche hochgereicht werden. Eigentlich unvorstellbar, wie Guérard für diese enge Kiste, die auch den Gästen wenig Komfort bot, überhaupt Sterne bekommen konnte. Aber er war eben ein verdammt guter und kreativer Koch. Außer der Patisserie und dem Wein hatte Michel im Keller auch noch einen kleinen Schreibtisch untergebracht. Ich arbeitete eines Tages gerade auf meinem Patisserie-Posten und Michel saß mit seinem kleinen schwarzen Büchlein am Schreibtisch und machte die Kasse. Da kam Barbara die Treppe in den Keller runter und ich dachte gleich, als ich sie sah, was macht die denn für ein komisches Gesicht? Michel tat so, als hätte er sie nicht bemerkt und rührte sich nicht an seinem Schreibtisch. Plötzlich griff sich Barbara im Vorbeigehen eines meiner Messer und stürzte von hinten auf Michel zu. Zum Glück war Michel ein wenig eitel, weshalb er auf seinem Schreibtisch auch einen kleinen Spiegel stehen hatte, in den er immer nochmal einen Blick warf, bevor er aus dem Keller wieder hochstieg. So hatte er Barbaras Auftritt bereits beobachtet und die Attacke kommen sehen. Er sprang zur Seite, schaute sie völlig entgeistert an und fragte, was denn los sei. Barbara sagte nichts mehr. Sie ließ das Messer fallen, stieg die Treppe rauf und ward nicht mehr gesehen. Ganz großes Drama! Aber mit Happy End, denn Michel hat seine Madame Christine geheiratet und ist mit ihr sehr glücklich geworden. Und nicht nur das: Mit Barbaras Abgang war über dem Restaurant eine Wohnung frei geworden, denn Michel übernachtete jetzt viel lieber bei seiner Liebsten.

Also fragte ich, ob wir Köche nicht die Wohnung haben könnten. Er stimmte zu und nun hatte ich endlich eine eigene Unterkunft in Paris. Schon damals war es nicht leicht, in Paris eine Wohnung zu finden, jedenfalls nicht, wenn man für einen lächerlichen Smic-Lohn arbeitete. In der ersten Zeit hatte ich in einer tollen Wohnung am Champs-Élysées bei ein paar Mannequins aus der Modebranche Unterschlupf gefunden. Die Wohnung gehörte einem Ami und unser Deal war, dass ich bei ihnen wohnen konnte, wenn ich für die Mädels kochen würde, was bei den Mager-Models für mich keine wirkliche Herausforderung darstellte. Und na klar, wenn der Ami zu Besuch kam, war ich raus und musste wieder im Auto schlafen. Mit unserer neuen Wohnung war ich nun wirklich happy. Es gab Momente, da konnte ich mein Glück kaum fassen. Es war noch gar nicht so lange her, da hatte ich in Freiburg Belgische Kroketten frittiert. Und jetzt, nachdem ich die Küche von Bocuse kennenlernen durfte und in ihm auch eine Art väterlichen Freund gewonnen hatte, der mir wirklich das Kochen beigebracht hatte, jetzt, Mitte der siebziger Jahre, war ich in Paris, kochte beim aktuellen Szenestar und fand das Leben großartig! Außerdem hatte die neue Wohnung den unschätzbaren Vorteil der kurzen Wege. Im *Pot-au-Feu* fingen wir erst um halb elf an und arbeiteten bis etwa halb fünf. Dann haben wir geschlafen und mussten am Abend um Acht wieder antreten, weil eine halbe Stunde später die Gäste kamen. Das Normalprogramm ging dann mindestens bis ein Uhr nachts. Es kam aber nicht selten vor, dass dann kurz nach Mitternacht die echten Promis auftauchten. Jungs wie Alain Delon oder Lino Ventura hatten natürlich nie reserviert, also haben die sich erst mal an die Theke gestellt, geraucht, ihren Champagner getrunken und gewartet, bis ein Tisch frei wurde. Aber wer von den Gästen wollte schon nach Hause gehen, wenn gerade Delon und Ventura hereinspaziert waren. Für die haben wir dann gerne auch morgens um zwei noch mal die Küche angeworfen oder mussten einfach mit dem Kochen warten, bis sie endlich einen freien Stuhl für ihren prominenten Hintern bekamen. Wenn ich in dieser Zeit vier, fünf Stunden geschlafen habe, dann war das viel. Aber in dem Alter hält man das aus und wir hatten tatsächlich keine illegalen Drogen am Start. Unsere Aufputschmittel waren Champagner oder Pastis und wir lebten von der großen Euphorie, genau zur richtigen Zeit am richtigen Ort zu sein.

Doch dann kam mein Vater plötzlich alle zwei, drei Wochen vorbei und fing an, mich zu bearbeiten. »Du musst jetzt heimkommen«, setzte er mich unter Druck. »Es geht jetzt los in Deutschland, der Witzigmann hat gerade in München mit dem *Tantris* angefangen!« Aber ich wollte nicht heim. Ich hatte einen super Job, verdiente nun etwas mehr Kohle und war mit der Tochter des Polizeichefs von Paris befreundet. Ich konnte parken, wo ich wollte. Ehrlich! Nach einer Schicht bei Guérard war ich einmal mit einem Kollegen in der Harrys Bar in einer kleinen Seitenstraße der Champs-Élysées verabredet und weil ich natürlich keinen Parkplatz fand, habe ich mitten auf den Champs-Élysées geparkt, ein Rad auf dem hohen Bordstein der Verkehrsinsel in der Mitte. Parken kann man das eigentlich nicht nennen, ich hatte meine Karre einfach abgestellt, was nach zwei Uhr morgens damals eigentlich kein so großes Problem war. Als ich drei Stunden später zurückkam, hatte mir die Polizei als Wegfahrsperre eine »Kralle« an das linke Vorderrad montiert. Die Karre blieb stehen, was an diesem Abend ohnehin gesünder war und ich rief früh morgens Nicole an, die dann mit ihrem Papa sprach und mich zurückrief, damit ich zu vorgegebener Zeit zum Auto kam. Die französischen Polizisten vor Ort fühlten sich wohl wie im falschen Film, als sie den Deutschen, der da grinsend ankam und offensichtlich die ganze Nacht auf den Beinen gewesen war, ohne Strafe davonfahren lassen mussten.

Man kann sich vorstellen, dass ich die ganze Aktion ziemlich cool fand und diese kleine Geschichte zeigt vielleicht, warum meine Lust, nach Deutschland zurückzukommen, gegen Null ging. Ich hatte mich in Frankreich freigeschwommen, strotzte vor Selbstbewusstsein und die Aussicht, wieder zurück in die badische Provinz zu müssen, schien mir wenig verlockend. Andererseits wusste ich natürlich, dass ich mich nicht ewig verweigern konnte. Wir hatten zwar einen Stern für das Menü meiner Mutter, aber ansonsten war der *Schwarze Adler* noch immer ein ganz einfacher Landgasthof. Bei einem der nächsten Besuche meines Vaters stellte ich also konkrete Bedingungen für meine Rückkehr. »Wenn ich komme«, machte ich ihm klar, »dann will ich sofort meine eigene Küche machen. Ich will meinen Molteni-Herd, meine Mannschaft, und dann ist Schluss mit Schnitzel-Gedöns.« Was ich ihm vorgeschlagen hatte, bedeutete eine nicht gerade kleine Investition, aber Vater war einverstanden. Ich bereitete mich also auf meine Rückkehr vor und hätte mir ja eigentlich denken können, dass das nicht allzu lange gutgehen konnte.

Von Vätern und Söhnen

Mit einer großen Portion Wehmut habe ich meine Zelte in Paris abgebrochen und bin, nachdem im *Schwarzen Adler* eine nagelneue Küche eingebaut worden war, nach Hause gekommen. Auch wenn ich nicht mit überbordender Lust im Gepäck in Oberbergen ankam, packte mich sofort der Ehrgeiz. Jetzt wollte ich allen zeigen, was ich draufhatte. Ich ging also in die Vollen und legte gleich mit sieben Köchen los. Meine Mutter war bisher mit zwei Köchen ausgekommen. Die Übergabe in der Küche mit ihr lief reibungslos. Meine Mutter hatte kein Problem damit, ihren Posten als Küchenchefin an mich zu übergeben. Sie unterstützte mich weiterhin, wo sie nur konnte, und war an meiner Kochkunst interessiert, ohne mir reinzureden. Wir haben wunderbar zusammengearbeitet, und diese Küche ohne meine Mutter oder Oma, das konnte man sich ja eigentlich sowieso nicht vorstellen. Seit ich denken konnte, war eine von beiden eigentlich immer da gewesen und irgendein Topf mit Essen hatte immer auf dem Herd gestanden. Immer schon ging es hier ums Essen, nur war ich jetzt nicht mehr der kleine Bub, der schon am Schürzenzipfel seiner Oma in der Küche helfen musste – jetzt war ich der Küchenchef.

Natürlich wurde mit meinem Start jetzt auch im Gastraum richtig eingedeckt, mit Stoffservierten, zwei großen Gläsern und Blumen auf dem Tisch. Jetzt waren wir nicht nur irgendein Sternelokal, sondern wir sahen so langsam auch aus wie ein Sternelokal. Um diesen Aufwand zu finanzieren, mussten wir natürlich auch die Preise um dreißig Prozent raufsetzen. Wir waren bestens vorbereitet und hoch motiviert – aber dann kam erst mal keine Sau. Der *Schwarze Adler* war bis zu diesem Zeitpunkt ein einfacher Gasthof, wo Wanderer einkehrten und manchmal sogar nur ein Viertel Wein bestellten, weil sie ihre Brotzeit aus dem Rucksack aßen. Für die waren wir jetzt erst einmal der verpönte Sterneladen, der jetzt »auf was Besseres« machte. Die alten Gäste kamen nicht mehr und meine Mutter machte ein langes Gesicht, weil die Kosten ziemlich hoch waren. Sieben oder acht Monate hatten wir kaum Gäste und das war auch für mich eine harte Zeit, weil ich mit großen Ambitionen gestartet war, aber von meiner tollen Küche offensichtlich niemand etwas wissen wollte. Und was machte der Alte? Der stellte sich auf die Treppe vor den Eingang und begann zu selektieren. Die eigene Brotzeit im Sternerestaurant auspacken, ging jetzt natürlich nicht mehr. Ich kann mich noch gut an einen wunderschönen Sonntag erinnern. Mein Vater stand mal wieder am Eingang in der Sonne, also vor dem Haus, wo wartend eine größere Wandergruppe herumstand. Einer der Typen in Wanderklamotten und Knickerbockern kam zu meinem Vater und meinte: »Der Herr Ministerpräsident Filbinger möchte bei Ihnen gerne zu Mittag essen.« Mein Vater schaute ihn von oben herab abschätzend an und antwortete: »Ihr könnt mir ja viel erzählen, wie viel Leute seid ihr?« »Zwölf«, gab der vermeintliche Wanderer zurück, der aber eigentlich einer von Hans Filbingers Sicherheitsleuten war, dem Baden-Württembergischen Ministerpräsidenten. »Habt ihr reserviert?«, frage Vater. »Nein«, gab der Security-Heini zurück und mein Vater winkte mit den Worten ab: »Ohne Reservierung haben wir leider keinen Platz für euch.« Ich kam gerade mit dem Auto auf dem Parkplatz an, sah Filbinger mit seinen Leuten diskutieren, die sich gerade anschickten, wieder von dannen zu ziehen. Ich konnte den Altnazi Filbin-

Nach meinen Lehr- und Wanderjahren durch Frankreich legte ich mit meiner ersten Küchenmannschaft im *Schwarzen Adler* in Oberbergen los, wo ich nach nur zehn Monaten mit zwei Sternen ausgezeichnet wurde. Meine Mutter, rechts hinter meinem Vater auf der Treppe, war die erste Frau in Deutschland, die einen Michelin-Stern erkocht hat.

ger sowieso nie leiden, aber Vater war natürlich strammer CDU-Wähler. Als ich zu ihm auf die Treppe kam, fragte ich: »Sag, hast du gerade den Filbinger weggeschickt?« »Wieso den Filbinger, da kam so ein Wanderer und wollte mich verarschen.« Und ich mit einem Grinsen: »Nein, das war wirklich der Filbinger.« Ich hatte meinen Spaß, aber meinen Vater fuchste das dann jahrelang ganz gewaltig.

Den Durchbruch schaffte der *Schwarze Adler* knapp zehn Monate nach meiner Rückkehr. Da bekam ich den zweiten Stern für unser Restaurant verliehen und dann kam Gott sei Dank der Klaus Besser vorbei. Besser war damals neben Gert von Paczensky der bekannteste Gastronomiekritiker in Deutschland, der sehr kritisch und böse berichten konnte, aber auch wirklich Ahnung hatte. Den Wolfram Siebeck gab es damals ja noch nicht, der war ja ursprünglich ein politischer Journalist, dem Eckart Witzigmann und ich noch nicht das Kochen beigebracht hatten. Während die Übergabe in der Küche mit meiner Mutter problemlos funktionierte, war der Streit mit meinem Vater quasi vorprogrammiert. Anfangs, als es schlecht lief, mischte er sich in alles ein und war wahrscheinlich in Sorge, dass sich seine große Investition nicht rentierte. Das konnte ich ja sogar noch verstehen. Aber als sich der Erfolg dann langsam einstellte und die Presse kam, spielte er sich gerne in den Vordergrund und gab den großen Patron. Man muss sich das mal vorstellen: Ich war damals schon verheiratet, hatte meine erste Tochter und bekam zu Hause für meine Arbeit noch nicht mal ein Gehalt. Ganz Patriarch hat Vater immer nur gesagt: »Für was brauchst du denn ein Gehalt? Du kannst mir doch sagen, wenn du was willst.« Das war sein Stil, er wollte über alles die Kontrolle behalten. Das war schon in meiner Jugend so. Ich weiß noch, wie ich unbedingt ein Moped haben wollte, aber den Führerschein nicht machen durfte und bis ich achtzehn war Mofa fahren musste. Der Alte sagte einfach: »Nein, das erlaube ich nicht, ich bin auch Motorrad gefahren und hatte Glück, dass ich noch lebe. Warte, bis du deinen Führerschein machen kannst, dann kriegst du ein Auto von mir.« Als es dann endlich so weit war, habe ich dem Fahrlehrer gesagt: »Hier hast du noch Kohle, ich mache nebenher noch den Motorradführerschein, aber das darf der Alte nicht wissen.« Mit meinem Führerschein kam ich dann zum Vater und fragte, wo denn nun mein versprochenes Auto sei. Er schickte mich in die VW-Werkstatt, um meinen Wagen abzuholen. Ich machte mich also auf den Weg, sah vorne die tollen neuen Modelle stehen und fragte den Meister, wo denn mein Auto zu finden wäre. Der zeigte auf den großen Parkplatz und meinte, da hinten würde er stehen. Ich lief dann so fast hundert Meter kreuz und quer durch Reihen von Autos, deren Zustand immer schlimmer wurde, und ganz am Ende, kurz vor den totalen Schrotthaufen, stand ein alter Käfer, der noch Brezel-Fenster hatte. Da habe ich echt einen Hals bekommen und schnauzte meinen Vater an: »Jetzt hast du mich ja schön verarscht.« Der zuckte nur mit den Schultern und meinte: »Wieso, den ersten Wagen stellst du doch sowieso auf den Kopf.« Es sollte leider Recht behalten, nach einem halben Jahr habe ich den Käfer tatsächlich aufs Dach gelegt. Aber darum ging es gar nicht. Als ich aus Frankreich zurückkam, machte sich ein riesiges Generationenproblem bemerkbar. Mein Vater war der Gastronom und ich war nur der Koch. Ich war sein Angestellter. Ich mache hier das Business, bleib du mal schön in deiner Küche. Das war seine Haltung. Gert von Paczensky kam mal in den *Schwarzen Adler* und meinte, er würde ja jetzt auch gerne mal den Koch sehen. Mein Vater wimmelte das mit den Worten ab: »Ach das ist doch noch so ein junger Kerl und der dreht doch gleich durch, wenn der zu viel Ruhm wegen seiner Sterne kriegt.« Paczensky hat sich dann auf dem Weg zur Toilette wirklich in die Küche schleichen müssen, um mich persönlich kennenzulernen.

»Schön, Sie auch mal zu sehen, Ihr Vater versteckt Sie ja immer.«
So ähnlich hat er es dann in seinem Artikel in *Essen & Trinken*
auch formuliert. Franz Keller sen. habe einen wunderbaren Sohn,
der die Sterne erkocht, aber der Senior wäre ziemlich dominant
und würde den Sohn nicht aus der Küche lassen. Ich habe gekocht und keine Kohle verdient, aber Vater stellte sich ins Ram-
penlicht und hat mit den Journalisten Termine gemacht, von denen ich nichts wissen sollte.

Es dürfte also niemanden verwundern, dass wir öfter in Streit
gerieten, und jetzt gab es auch keine Oma mehr, die in meiner Kindheit manchmal mit der Pfanne in der Hand dazwischen gesprungen war, wenn mein Vater mich wegen irgend-
was verdreschen wollte. Sie hat mich erzogen, weil Mutter ja
immer gearbeitet hat und sie hat mich beschützt. Jetzt aber war
ich ein erwachsener Mann und heute sehe ich die Sache auch
so: Da waren zwei Platzhirsche, zwei echte Alpha-Tiere, die
sich um ein Revier stritten. Wenn ich die Lebensleistung meines Vaters heute betrachte, dann will ich ihm gar nicht abspre-
chen, dass er wirklich viel erreicht hat. Aus kleinsten Anfängen als Viehhändler hat er den Weinhandel, den Weinbau und
unsere Gastronomie in Oberbergen aufgebaut. Wohlgemerkt
mit Unterstützung von zwei starken Frauen. Er war ein gewief-
ter Händler und Netzwerker und hat sich seinen Erfolg, wenn
es nötig war, auch erkämpft. Aber er war auch ein grandioser
Sturkopf und als Vater eine echte Katastrophe. »Junge, hast du
gut gemacht.« So einen Satz hätte er niemals über die Lippen
gebracht. Statt sich über den Erfolg seines Sohnes zu freuen,
hatte ich immer das Gefühl, er sei eifersüchtig und wollte mich
ganz kurzhalten.

Mein Vater hat damals auch unter dem Pseudonym Fridolin
Schlemmer eine Kolumne für die *Badische Zeitung* geschrieben.
Er hatte sich da mal böse beschwert, dass die Zeitung nie über die

Gastronomie aus der Region berichten würde. Da haben sie ihm eine Kolumne angeboten. In einer dieser Kolumnen schrieb er dann mal ziemlich böse über Gert von Paczensky und veralberte ihn als Herrn Quatschensky. Paczensky, der unter Willy Brandt im Bundespresseamt gearbeitet hatte und stellvertretender Chefredakteur des *Stern* war, verklagte daraufhin meinen Vater. Das stand damals natürlich auch in allen Gourmetzeitungen und war eine super Werbung, aber mein Alter hat nur über den roten Sack geschimpft, der keine Ahnung vom Essen habe. Es kam zum Prozess, allerdings war der Richter zum Glück entspannt. Der hat die beiden zusammengesteckt und ohne großes Gerichtsverfahren versöhnt. Hinterher waren sie Freunde und haben noch sehr lange des Öfteren zusammen Skat gespielt. Jedenfalls machte mein Vater aus diesen Kolumnen irgendwann ein Buch, ergänzt mit schönen Rezepten von mir. Aber erwähnt hat er mich in diesem Buch natürlich mit keinem Wort. Ich kann mir das bis heute nur mit einer gewissen Eifersucht erklären. Ich lebte ein Leben, das er vielleicht gerne selbst gelebt hätte. Aber er hätte doch trotzdem zufrieden sein können. Immerhin hatte er es doch geschafft, mich dazu zu bewegen, Koch zu werden. Und jetzt, wo ich in den zu meiner Zeit tollsten Läden gelernt und sehr schnell den zweiten Stern erobert hatte, natürlich auch mit seiner Hilfe, wollte er mich am liebsten als unterwürfigen Küchenbullen in der Küche halten, so wie in früheren Zeiten. Doch Bocuse hatte mir nicht nur gut kochen beigebracht, sondern mich auch die Grundlagen der Nouvelle Cusine gelehrt: Die Freiheit und Unabhängigkeit des Kochs. Meinem Bruder Fritz erging es in dieser Beziehung nicht besser. Fritz hat den Weinbau und die Gastronomie in Oberbergen nicht nur übernommen, sondern durch seine tolle Arbeit hervorragend weiterentwickelt. Aber auch er musste zu Lebzeiten unseres Vaters sehr viele Kämpfe mit ihm austragen. Sichtbare Freude oder gar ein wenig Stolz über die erfolgreiche

Arbeit seiner Söhne hätte unser Vater sich aber auch in der dunkelsten Ecke des Weinkellers nicht anmerken lassen.

Wir haben uns in meiner Zeit in Oberbergen oft furchtbar gestritten und hatten dann auch irgendwann mal vereinbart, dass wir uns, statt uns vor dem Service und allen Leuten in die Wolle zu kriegen, doch dann lieber am Morgen zum Kaffee zusammensetzen sollten, um Planung und Probleme in Ruhe zu besprechen. Das haben wir dann auch zweimal halbwegs hingekriegt. Beim dritten Mal aber kam ich zum Frühstückstisch, weil wir uns am Abend zuvor wieder einmal ordentlich gefetzt und gerade noch die Kurve gekriegt hatten. Ich kam also zum Frühstück rein und sagte: »Wir müssen reden.« Und er schaute nur kurz von seiner Badischen Zeitung hoch und meinte: »Es gibt doch gar nichts zu bereden. Hau ab, mach deine Arbeit und lass mich in Ruhe. Ich hab' andere Sachen im Kopf.« In diesem Moment überkam mich eine echte Wut. Ich nahm einen Stuhl, holte aus und wollte ihn meinem Vater über den Schädel ziehen. Erst im letzten Moment habe ich mich weggedreht und den Stuhl so kräftig auf den Tisch gehauen, dass der Stuhl zerbrach und die Kaffeetassen an der Decke hingen. Der Stammtisch hat noch heute den langen Riss in der Platte, den meine Attacke verursacht hat. Als der Stuhl zerbarst und ich diesen fürchterlichen Knall hörte, bin ich über mich selbst erschrocken. Ich setzte mich ins Auto und bin den halben Tag durch den Wald gelaufen. Ich musste an Barbara denken, an ihr wutverzerrtes Gesicht, als sie aus Eifersucht beinahe Michel Guérard mit einem höllisch scharfen Küchenmesser erstochen hätte. Und jetzt? Hatte ich auch so eine wutentstellte Fratze im Gesicht, als ich eben fast meinen Vater erschlagen hätte? Ich bin durch den Wald gelaufen und habe beschlossen, abzuhauen und mich selbstständig zu machen. Denn es war eine Grenze erreicht, die ich ganz sicher nicht überschreiten wollte. Das wäre gewiss der falscheste Weg gewesen.

Nach dem großen Streit im September habe ich dann meinem Vater im November gesagt: »Vater, ich gehe weg.« Und der hat nur gelacht: »Wo willst du denn hin?« Er hatte auch gut lachen. Ich hatte ja kein Geld. Dafür aber den festen Willen, sein Spiel nicht länger mitzuspielen. Meine Entscheidung war gefallen. Als der Vater dann zum Ski fahren für ein paar Tage weg war, habe ich meine Sachen gepackt und mir bei uns im Dorf zunächst mal eine Wohnung gemietet. Ich musste mich erst einmal sortieren. Herr Krämer aus Endingen, der Bankier meines Vaters, meinte, ich sollte doch erst mal als Küchenchef irgendwo das Geld für den eigenen Laden verdienen. Aber ich hatte echt die Schnauze voll. Ich wollte mich nicht mehr bevormunden lassen, sondern eigenständig sein. Er hat mir dann privat 20 000 Mark geliehen, was damals viel Geld war. Die Kohle gab er mit unter der Bedingung, dass mein Vater nichts davon erfährt.

Um den Kopf frei zu kriegen, habe ich mich erst einmal nach Italien verdrückt. Die italienische Küche hatte mich schon immer fasziniert, aber ich hatte bisher keine echte Ahnung. Also bin ich zunächst mal an den Comer See zu Ricardo Lurasci gegangen. Bei ihm habe ich gelernt, wie man Nudeln macht und einen tiefen Einblick in die Feinheiten der italienischen Küche gewonnen. Und an jedem Dienstag, wenn er seinen Laden zu hatte, sind wir essen gegangen und er hat mir seine besten italienischen Kollegen und deren Küche vorgestellt. Ich dachte irgendwann, ich möchte wirklich gerne noch mal zu Gualtiero Marchesi nach Bergamo und das war wirklich mein Glück, weil er mir damals schon gezeigt hat, dass der Himmel sehr groß ist und es neben den Sternen der Franzosen auch noch eine ganz andere Küche und Kochwelten gibt. Die Italiener nehmen super gute Grundprodukte, sind aber ein bisschen bequemer, um nicht gerade gleich faul zu sagen. Sie sind tatsächlich auch wesentlich lockerer und unkomplizierter als die Franzosen. Wenn es ums Kochen geht, kratzt sich der Franzose ja wirklich mit der linken Hand am rechen Ohr. Vom Fond wird eine Jus gemacht, von der Jus eine Demi-glace, die Demi-glace wird noch mal einreduziert, dann wird sie wieder aufmontiert und das ist dann die Soße. Die Italiener nehmen ganz einfach gute Tomaten, Basilikum, Olivenöl, Salz und Pfeffer und fertig ist das Sugo. Die Italiener nehmen das Leben leichter und machen nicht dieses ständige Aufheben wie die Franzosen. Das war eine gute Erfahrung, die mich selbst auch etwas entspannt hat. Ich wollte zwar, wenn ich meinen eigenen Laden eröffnen würde, meinen Stern, weil ich da einfach hingehörte, aber Italien hatte mir gezeigt, dass man sich wegen dem ganzen Quatsch auch nicht verrücktmachen lassen durfte.

Zurück in Deutschland habe ich mir Hamburg, Düsseldorf, Frankfurt und Köln angeschaut und die Lokale und die Szene studiert. Nach München wollte ich erst gar nicht, weil da ja schon der Eckart Witzigmann war. Ich habe mich dann letztlich für Köln entschieden, auch weil ich da einen Werber, Klaus Lüders, kennengelernt hatte, der mein Projekt unterstützen wollte. Als mein Vater wusste, dass ich nach Köln gehe, hat er dort erst einmal sämtliche Banken angerufen und denen gesagt, ich sei ein verrückter Hochstapler und sie sollten mir bloß keinen Kredit geben. Aber ich wollte ihm beweisen, dass ich zwei Sterne schaffe, auch ohne ihn und ohne die Familie. Das war völlig verrückt, denn ich hatte außer meinem kleinen Startkapital keinen Pfennig Geld. Deshalb habe ich mich auf ein riskantes Spiel eingelassen. Dieser Werber hat den Mund ziemlich weit aufgerissen. Der machte damals die Werbung für Bayer Leverkusen, Aspirin und all die Sachen, aber letztlich wollte er das Gleiche wie mein Vater: Er wollte mit mir glänzen. Geld meinte er, wäre wirklich kein Problem. Also haben wir zunächst mal von einem Galeristen einen Laden für über 5000 Mark pro Monat gemietet und in dieses Mietobjekt weit über 500000 Mark investiert. Schon das war

Anfang der achtziger Jahre, gemeinsames Kochen mit Gualtiero
Marchesi (rechts). Während meiner Reise durch Italien gab er mir
tiefe Einblicke in die italienische Küche. Marchesi hatte 1977 sein
Restaurant in der Via Bonvesin de la Riva in Mailand eröffnet und
war der erste italienische Starkoch, der sich drei Michelin-Sterne
erkochte. Dieser wunderbare Mensch und Freund starb im Dezember
2017 im Alter von 87 Jahren.

Ganzseitige Eröffnungsanzeige zur Eröffnung von *Franz Kellers Restaurant* und der *Tomate* in Köln 1980. Ich war damals der erste Sternekoch, der gleichzeitig und quasi nebenan mit der *Tomate* noch ein Bistro betrieb mit kleiner Karte und kleinen Preisen.

ja total verrückt. Eigentlich wusste ich damals bereits, dass man mit einem Sternerestaurant kein Geld verdienen kann. Wir aber haben richtig rangeklotzt und waren auch mit der Einrichtung den aktuellen Trends um Jahre voraus. Das Restaurant hatte einen schwarzen Fußboden, eine dunkelblaue Decke und vergoldete Wände. Trotz des pursten Purismus oder gerade deswegen, kosteten die Goldwände alleine schon damals über 35 000 Mark. In der Mitte stand ein großer schwarzer Granitblock, gefüllt mit Eis für die Weinflaschen und den Fisch, den wir da gleich mitpräsentierten. Wenn in Köln die Möbelmesse war, kamen die ganzen italienischen Designer bei mir vorbei, haben unser Lokal fotografiert und uns Komplimente gemacht. Die altspießigen Kölner mit der nötigen Kohle aber haben eher gesagt, gut kochen kann er ja, aber dort essen ist wie in einer Fabrikhalle. Denen hat es nicht so gut gefallen, zu kühl und nicht geschaffen für deren Meinung zur typisch deutschen Gemütlichkeit.

Ungefähr drei Wochen vor der Eröffnung, kam schon der erste Dämpfer, der mir eigentlich die Augen hätte öffnen müssen. Wir hatten über ein halbes Jahr umgebaut und eingerichtet und jetzt kurz vor dem Start meldete sich die Bank und stoppte unsere Kreditlinie. Was heißt hier unsere Kreditlinie? Ich hatte bisher angenommen, dass mein Partner die Einrichtung aus seinem Vermögen bezahlt hatte. Jetzt stellte sich heraus, dass er bei seiner Bank einen Kredit aufgenommen hatte. Und als wir die 500 000 Mark-Grenze überschritten hatten, meinte nun die Bank, ich müsste auch unterschreiben. Die hatten Schiss, dass, wenn ich das Handtuch schmeißen würde, sich auch ihr Kredit in Luft auflösen könnte. Ich hatte damals schon Hans Imhoff von Stollwerck und seinen Anwalt kennengelernt. Imhoff freute sich sehr auf ein Sternerestaurant in Köln, aber sagte auch gleich, was bist du denn für ein Wahnsinniger, dein Partner ist ein Werber und Sprücheklopfer und du darfst auf keinen Fall diesen Kre-

Nach der Eröffnung meines *Franz Kellers Restaurant* besuchte mich Paul Bocuse in Köln. Er war nicht damit einverstanden, dass ich den *Schwarzen Adler* und meinen Vater hinter mir gelassen hatte. »Du brichst mit der Tradition und verlässt deine Familie«, schimpfte er und machte mich so richtig rund. Bocuse hat die ganze Welt bereist, aber immer nur geschäftlich. Privat war er ein Traditionalist, der seiner Heimat Collonges-au-Mont-d'Or immer treu geblieben ist.

dit unterschreiben. Ich Idiot habe natürlich unterschrieben. Aber was hätte ich auch machen sollen, wir standen kurz vor der Vollendung! Zu scheitern, bevor es überhaupt losgegangen war, diese Blöße wollte ich mir nicht geben.

Die Sache lief ja dann auch wirklich super an. *Franz Kellers Restaurant* schlug in Köln wirklich ein wie eine Bombe und wurde dann ja auch groß und breit mit allen nur möglichen Auszeichnungen, aber auch tollen Kritiken geehrt. Direkt nebenan, zwei Häuser weiter, habe ich gleichzeitig noch die *Tomate* eröffnet und war damit auch gleich noch der erste Sternekoch, der neben seinem Restaurant auch ein Bistro betrieben hat. Das Konzept war simpel: Im Sternerestaurant kostete das Menü so achtzig bis neunzig Mark und in der *Tomate* gab es eine kleine Speisekarte zu günstigen Preisen. Das lief richtig gut. Aber obwohl die Läden brummten, blieb einfach zu wenig hängen. Vor allem im Sternerestaurant waren die laufenden Kosten sehr hoch. Und mein Vater? Der hat sich natürlich nicht gemeldet oder mal zur Eröffnung gratuliert. Aber ich war genauso stur und habe keinen Wein von ihm bezogen. Einmal hat er vorbeigeschaut, aber da war auch kein Geringerer als Franz Beckenbauer der Anlass. Seit den Tagen des Wunders von Bern hatte mein Vater seine Kontakte zum DFB gepflegt und vor einem Länderspiel der Nationalmannschaft in Köln kam Beckenbauer zu mir und meinte: »Ich hab jetzt mal deinen alten Herrn zum Essen nach Köln eingeladen, klar weiß er nicht, dass wir zu dir kommen.« Als mein Vater dann kam, meinte er nur: «Das hätte ich mir ja denken können, dass wir uns hier treffen.« Eine große Versöhnungsaussprache kam jedenfalls trotzdem nicht zustande.

In den guten Kölner Zeiten haben wir bestimmt 120 000 Mark Umsatz im Monat gemacht, aber die hohe Pacht, die Kreditverträge und die Personalkosten sorgten dafür, dass trotzdem nichts hängen blieb. Johannes Gross, der Chefredakteur der Zeitschrift

Vor einem Länderspiel der Deutschen Fußballnationalmannschaft in Köln lud Franz Beckenbauer (Dritter von rechts) meinen Vater (rechts) und Fritz Walter (Zweiter von links) zu mir ins *Franz Kellers Restaurant* nach Köln ein. Es blieb der einzige Besuch meines Vaters, der nie akzeptiert hat, dass ich unserem Familienbetrieb in Oberbergen den Rücken gekehrt habe.

Capital, saß damals gerne bei mir und einmal im Jahr brachte auch *Capital* so eine Hitparade der besten Restaurants raus. Gross hatte dafür extra einen Heini engagiert, der alle unterschiedlichen Bewertungssysteme von Michelin, Gault-Millau, Feinschmecker und wie sie alle hießen, zusammengewürfelt hat und so eine Rangliste der besten Restaurants erstellte. Weil Johannes Gross ein Stammgast bei mir war, hat Eckart Witzigmann dann schon im November angerufen und mich gefragt, ob ich bei ihm nicht schon mal vorfühlen könne, auf welchem Platz er denn zum Beginn des nächsten Jahres landen würde. Eckart hatte viele Jahre natürlich unangefochten den ersten Platz belegt und verbrachte viele schlaflose Nächte, weil er jedes Mal Angst hatte, er könnte seinen Platz an der Sonne verlieren. Der Druck war damals schon sehr groß. Dabei hatte Witzigmann doch großes Glück. Das *Tantris* wurde von Fritz Eichbauer gegründet und gesponsert. Der Münchener Bauunternehmer war ein großer Liebhaber der gehobenen Küche und war Anfang der siebziger Jahre ziemlich genervt, dass er immer mindestens bis ins Elsass fahren musste, um mal vernünftig zu essen. Also hat er in München das *Tantris* hingestellt.

Trotz des Erfolgs verschlechterte sich meine finanzielle Lage in Köln zunehmend. Mein Werber verlor die Lust an der Sterneküche, weil er auch so langsam kapierte, dass ein Sternelokal keine Goldgrube war. Wie das dann immer so ist, wenn die Kasse nicht stimmt, kam es immer öfter zu Streitereien, bis wir uns schließlich getrennt haben. Und dann habe ich wirklich einen schweren Fehler gemacht: Bei den Verhandlungen mit der Bank habe ich den Schuldenanteil meines Werbers übernommen, weil mich dann auch noch sein Steuerberater so richtig verarscht hat. Die Details will ich hier nicht schildern, aber am Ende hatte ich in Köln insgesamt vier Läden und ungefähr neunzehn Konten bei verschiedenen Banken. Ich habe auch immer meine aktuellen

Rechnungen und mein Personal bezahlt und gearbeitet wie ein Tier, aber ich kam von den vielen Schulden nicht mehr runter. Es hat ein paar Jahre gedauert, bis ich mithilfe guter Anwälte, Steuerberater und einem Schuss Kölscher Klüngel meine Schulden von der Backe hatte. Der Vorstand der Kölner Stadtsparkasse gehörte ja auch zu den Stammgästen im *Franz Keller Restaurant* und machte mir folgenden Vorschlag: Die Stadtsparkasse plante damals gerade eine neue Vorstandskantine, wo die hohen Herren mit ihren Geschäftskunden speisen konnten. Man bot mir an, dort für den Vorstand zu kochen und so einen Teil meiner Zinsen und Schulden damit abzuarbeiten – typisch Kölsch eben.

Ich gebe gerne zu, dass es meine eigenen Fehler waren, die zu meinen finanziellen Turbulenzen in Köln geführt hatten. Ich war in Teilen zu leichtgläubig, was die Versprechungen meines Partners angingen, aber ich habe die Idee meiner Sterneküche wirklich mit allem gelebt, was ich hatte. Natürlich spielte dabei auch der Wettstreit mit meinem Vater eine Rolle. Ich wollte einfach nicht aufgeben, obwohl ich, ökonomisch betrachtet, schon längst verloren hatte. Heute muss ich wirklich manchmal schmunzeln und das ist auch der Grund, warum ich im tiefsten Inneren inzwischen mit meinem Vater versöhnt bin. Wir sind uns in Sachen Sturheit ziemlich ähnlich. Im Rückblick fühlen sich unsere damals zuweilen sehr tiefgehenden Verwerfungen an vielen Stellen eher wie der Kampf zweier dämlicher Hornochsen an, denen nichts Besseres eingefallen ist, als immer wieder mit den Köpfen aneinander zu rasseln. Doch auch jenseits dieser persönlichen Aspekte, ist diese Pleite ein gutes Beispiel für den enormen Druck in der Sternegastronomie. Und der Druck ist heute in keiner Weise kleiner. Klar, es waren damals andere Zeiten, ohne Internet und Smartphone. Damals hatten die Handvoll wichtiger Gastronomiekritiker und die Sterne- und Hauben-Verteiler von Michelin und Gault-Millau noch deutlich mehr Macht. Die

Johannes Gross (rechts), Chefredakteur der Zeitschrift *Capital*, war
Stammgast in meinem Restaurant in Köln. Gross schätzte als
Kunstfreund die Verbindung von guter Küche und großer Kunst und war
ein Förderer und Mentor von Joseph Beuys (Mitte).

konnten dich in den Himmel heben oder zur Hölle fahren lassen. Heute stehen die Sternegastronomen in einer ganz anderen Konkurrenzsituation. In der deutschen Guide-Michelin-Ausgabe 2017 finden sich insgesamt 292 Sternerestaurants, darunter zehn Läden mit drei Sternen und 39 Restaurants mit zwei Sternen. Der Sternenhimmel ist heute deutlich dichter bevölkert und fast nirgends in Deutschland muss man mehr als hundert Kilometer bis zum nächsten Spitzenkoch fahren. Alle diese Punkte- und Sternesammler unterwerfen sich den mit aufsteigender Punktzahl immer strengeren Regeln einer Art Sterne-Gerichtsbarkeit, die von sich behauptet, die einzig gültige Wahrheit in der Welt des Hochgenusses zu kennen und zu verteidigen. Diese Idee ist ja aus heutiger Sicht sowieso schon ziemlich bekloppt und den beiden Großinquisitoren und Gralshütern des guten Geschmacks ist inzwischen viel von ihrer früheren Meinungsführerschaft abhandengekommen. Selbst schuld, würde ich sagen, wenn ich sehe, dass Michelin sich seine große Sterne-Verleihungssause in Deutschland ausgerechnet von der Metro sponsern lässt. Das zeigt doch, wie der Hase läuft. Und trotzdem, wer beim Krieg der Sterne dabei sein will, hat mit einem enormen Aufwand zu kämpfen, um die Spielregeln und gesetzten Hürden zu meistern. Das Ambiente, das Tafelsilber, das ganze Teller-Ikebana drum herum, der Warenaufwand und das viele Personal, das in der Regel schon mal fünfzig bis sechzig Prozent vom Umsatz aufzehrt. Und dann kommt so ein Tester in deinen Laden und sagt dir vielleicht, dass er deine Küche ja wirklich prima findet, aber der Weinkeller doch ziemlich dünn bestückt sei. Dann darfst du selbst entscheiden, ob du dir bis zum nächsten Besuch noch ein paar Flaschen teuren Bordeaux mehr in den Weinkeller legst, um diesen verdammten Stern zu kriegen. Selbst ein kleiner Ein-Sterne-Laden muss ja erst mal gut und gerne 50 000 Euro im Weinkeller versenken. Totes Kapital. Und um das alles zu stemmen, muss der

Chef de Cuisine und seine Mannschaft eine Siebzig- bis Achtzig-Stunden-Woche abreißen.

Das *Handelsblatt* schrieb kürzlich, die Sterneküche in Deutschland sei zu billig. Für die deutschen Gäste läge die Schmerzgrenze für ein Drei-Sterne-Menü bei 200 Euro, während der Franzose bereit sei, bis zu 400 Euro zu bezahlen. Bei einem Stern dürfte dann wahrscheinlich so bei sechzig oder siebzig Euro Schluss mit Lustig sein. Und deshalb braucht die Sterneküche in Deutschland immer Sponsoren. Keines der Drei-Sterne-Restaurants ist heute unabhängig. Sie sind integriert in einen Hotelbetrieb, der den Edelschuppen als Imageträger und Lockmittel nutzt, um die Hotelzimmer zu vermieten. So verkommt dann ein Wettstreit um die beste Küche zu einem Wettstreit um Investoren und das beste Image. Anlässlich seines Todes hat man ja den guten Bocuse noch einmal als den großen Erneuerer der Nouvelle Cuisine gefeiert. Dabei ging es aber, wie schon erwähnt, nicht nur um frische und regionale Produkte. Es ging vor allem auch um die Freiheit der Köche und ihrer Küche. In dieser Beziehung sind wir also eher wieder in die Zeit vor Escoffier zurückgefallen, in der die Köche abhängige Sklaven ihrer reichen Geldgeber waren. Bei sehr positiver Schätzung und unter Idealbedingungen sollte ein Sterne-Laden schon fünf bis sechs Prozent Rendite bringen, doch die meisten sind froh, wenn sie überhaupt aus den roten Zahlen herauskommen. Auf die Dauer macht das keinen Spaß und es stellt sich die Frage, ob das System Sterneküche nicht schon längst komplett aus dem Ruder gelaufen ist. Die besten Adressen sind nur noch was für ganz reiche Pinkel und selbst die wollen sich das dann auch nicht jede Woche leisten. Für den größten Teil der Bevölkerung bleibt die Spitzenküche ein Randphänomen und steht wohl weit unten auf der Liste der schönen Dinge, die man sich vielleicht mal leisten will. So bleibt vielen Köchen und Kollegen doch nur, ihre Unabhängigkeit entweder aufzugeben, oder es kommt fast zwangsläufig zu Kompromissen in der Küche. Da wird dann auch schon mal Convenience Food gekauft oder selbst produziert, aufgepäppelt und wiederbelebt, ganz einfach um ein paar Kosten zu sparen. Die Folge ist eine immer größere Diskrepanz zwischen der Inszenierung für die Gäste und der Wahrheit in der Küche.

Im Nachhinein hat es mir gutgetan, dass ich in Köln mal richtig auf die Schnauze gefallen bin. Klar, das hat auch wehgetan, aber ich bin wieder aufgestanden und war zumindest um ein paar wesentliche Erfahrungen reicher. Nicht zuletzt hat das bei mir einen Denkprozess angestoßen, der mich schlussendlich heute auf meinen Falkenhof geführt hat. Als ich 1993 meine *Adler Wirtschaft* in Hattenheim eröffnet habe, war ich der erste Koch hier in Deutschland, der sich schriftlich beim Michelin, den anderen Institutionen und auch bei seinen Gästen aus dem Sterne-Zirkus verabschiedet hat. Damals fanden das so einige Kollegen gar nicht nett von mir und sahen in mir so etwas wie einen Nestbeschmutzer. Inzwischen gibt es ja schon ein paar mehr, die genau wie ich ihre Lust am Kochen nicht verlieren wollten und deshalb lieber auf ein paar Punkte verzichten. Damit wir uns nicht falsch verstehen: Ich bewundere viele auch der jungen Sterneköche für ihre Kreativität und jeder soll bitte machen, was er will. Ich selbst habe den Fokus in meiner Küche allerdings auf andere Schwerpunkte ausgerichtet, die ich heute wesentlich wichtiger finde. Eine ehrliche und nachhaltige Küche mit besten Grundprodukten, eben »Vom Einfachen das Beste«.

Der am besten bezahlte Koch in Deutschland

Nach meinem Scheitern in Köln war ich gerade dabei, mich wieder etwas zu berappeln, und bastelte an einem Plan B. Der Galerist und Kunstsammler Johannes Wasmuth hatte kürzlich den alten Bahnhof Rolandseck in Bonn als Kunstbahnhof etabliert, mit Ausstellungen, Lesungen und einer engen Verbindung zur Musik. Von Anfang an gehörte zu dieser Vision auch die Idee, ein tolles Restaurant an diesem Ort zu etablieren. Diesen Floh hat er damals auch dem Helmut Kohl ins Ohr gesetzt und Rheinland-Pfalz hat dann eine Ausschreibung gestartet und für fast eine Million Mark ein Restaurant im Keller des Bahnhofs gebaut. »Franz«, hat Johannes Wasmuth immer wieder gesagt, wenn wir uns getroffen haben, »du musst unbedingt dieses Restaurant machen. Kunst und Essgenuss, das passt zusammen.« Ich hatte aber keine Lust auf ein Restaurant im Keller und habe auch nicht daran geglaubt, dass ein Gourmet-Laden im Tiefgeschoss funktioniert. Wer will denn im Sommer im Keller dinieren? Meine Vision war eine andere. Ich wollte eine Verbindung von Restaurant und dem Veranstaltungssaal mit seiner tollen Terrasse. »Lass uns das Restaurant doch oben machen, und wenn ein Konzert ist, bleibt das Restaurant eben geschlossen.« Noch während wir über die unterschiedlichen Konzepte diskutierten, erhielt ich einen Anruf von Max Grundig. Grundig war eine der Unternehmer-Ikonen der Wirtschaftswunderzeiten und hatte seine Radio- und Fernsehfabrik zu einer Weltmarke aufgebaut. Anfang der achtziger Jahre liefen die Geschäfte dann nicht mehr so gut, auch weil er mit dem Beginn des Videozeitalters gemeinsam mit Philips sein Video-2000-System entwickelt hatte, dass sich aber gegen die VHS-Konkurrenz aus Japan und den USA nicht durchsetzen konnte. 1984 verkaufte er sein Unternehmen an Philips und saß nun auf einem Berg von Geld, das investiert werden musste. Also kaufte Grundig in kürzester Zeit sieben Hotels und erwarb 1986 unter anderem auch das in wirtschaftliche Schwierigkeiten geratene Kurhaus *Bühlerhöhe*. Dort sollte hoch über Baden-Baden ein Luxushotel entstehen. Warum Grundig ins Hotel-Gewerbe eingestiegen ist, kann ich mir eigentlich nur so erklären: Es gab wohl für Hotels zu dieser Zeit wahnsinnige Abschreibungsmöglichkeiten und außerdem wollte er auch der Familie Oetker, die ebenfalls inzwischen im Gastronomie-Business unterwegs war, zeigen, wer der bessere Hotelier ist. Seine Berater hatten ihm damals gesagt, dass es für einen Luxus-Schuppen dieser Kategorie zwingend wichtig sei, auch ein Drei-Sterne-Restaurant zu betreiben und dafür wollte Grundig den besten Koch Deutschlands engagieren. Kein Wunder also, dass er zunächst mal bei Eckart Witzigmann anfragte. Grundig wollte dem besten Koch in Deutschland ein Jahresgehalt von 500 000 Mark bezahlen, was damals wirklich ein Batzen Kohle war. Eckart, so hat er mir das erzählt, hatte beim Gespräch mit Grundig und seinen Beratern bereits einen »Letter of Intent« mit dieser für damalige Verhältnisse astronomischen Honorarsumme unterzeichnet. Als man ihm dann aber den endgültigen Vertrag nach München schickte, sollte er mit seiner Unterschrift plötzlich auch eine Garantie für drei sehr schnelle Michelin-Sterne abgeben. Eine wirklich verrückte Idee, die Eckart Witzigmann mit der Begründung ablehnte, dass schließlich selbst der beste Fußballtrainer auch keinen Meistertitel garantieren könne. So war Freund Eckart aus dem Spiel und

Küchenchef, Gastronomiedirektor und der am besten bezahlte Koch in Europa in Max Grundigs Schwarzwald-Hotel-Imperium. Hier 1988 vor der *Bühlerhöhe*.

ich wurde über Nacht der am besten bezahlte Koch in Deutschland. Für mich war das in doppelter Hinsicht ein Geschenk des Himmels. Nach der Durststrecke in Köln konnte ich jetzt meine Verbindlichkeiten regulieren und Grundig wollte drei Sterne, die ich ihm natürlich auch nicht per Vertrag versprochen habe. Als ich in Köln meine Sterneziele erreicht hatte, war ich mit mir zufrieden gewesen und hatte mir auch selbst gesagt: »Denk gar nicht erst an drei Sterne.« Mir war klar, dass ich das mit meinem finanziellen Background niemals schaffen würde. Aber jetzt eröffnete sich eine Chance. Grundig wollte drei Sterne und verfügte über die dafür notwendigen finanziellen Ressourcen. Wir nannten das Restaurant »Imperial«, ich konnte noch mal richtig Gas geben und selbstverständlich war kurz nach der Eröffnung auch bereits der erste Stern da.

Ich war als Küchenchef eingestellt, hatte die Verantwortung für alle vier Restaurants und musste also auch vier Küchenmannschaften auf Trab bringen. Zu Grundigs Schwarzwald-Imperium gehörte das *Blättig*, das war das ganz einfache Schwarzwaldhotel, dann die Hotel-Küche der *Bühlerhöhe*, das *Imperial* mit eigener Mannschaft und schließlich noch das Kurhaus. Jetzt hatte ich fast hundert Leute zu organisieren und fühlte mich eher wie ein Dompteur. Jeden Morgen um sieben Uhr musste ich erst einmal schauen, wer kommt und wer kommt nicht. Dann gab es natürlich Eifersüchteleien, denn keiner hatte Bock, in der Kurklinik die fade Diätküche zu kochen. Im *Imperial* wollten alle arbeiten, aber da brauchte ich gar nicht so viele. Hinzu kam der ganze Stab, der um Grundig und seine Stiftung herumwuselte. Ich glaube, Grundig hatte die *Bühlerhöhe* für rund sechzig Millionen Mark gekauft und neunzig Millionen Mark sollte die Sanierung kosten. Doch er hat mir schon zu Beginn der Bauarbeiten gesagt: »Meine Berater sagen alle neunzig Millionen, ich denke es kostet 110 Millionen, wenn es gut geht.« Am Ende hat es über 180 Millionen Mark gekostet, mit dem Ergebnis, dass Grundig schon überhaupt keine Lust mehr hatte, bevor es richtig losging. »Herr Keller«, sagte er einmal zu mir, »wenn ich Sie sehe, kriege ich schon Sodbrennen.« Und warum? Weil ich der Einzige war, der ihm ehrlich gesagt hatte, dass man mit einem Drei-Sterne-Restaurant kein Geld verdienen kann. Das war nicht unbedingt zu meinem Vorteil, aber Grundig wusste das bis dahin nicht. Das Geld musste man mit dem Hotel verdienen. Für sein Luxusdomizil *Bühlerhöhe* hatte sich Grundig einen Hoteldirektor aus dem *Ritz* in Paris geholt. Ein ganz toller Hecht, der auch bei der Sanierung darauf achtete, dass alles immer vom Besten und vom Feinsten war. Ein Vierteljahr vor der Eröffnung wollte Grundig dann mal eine Etatberechnung von ihm sehen. Wie viel Kosten haben wir und wie sehen die Umsatzprognosen aus? Er wollte Grundig eine Businessperspektive aufzeigen und legte mir sein Zahlenwerk zum Unterschreiben auf den Schreibtisch. Ich sah zum ersten Mal im Leben so einen Businessplan, der mich mit seinen Kurven und Tabellen auf den ersten Blick beeindruckte. Dann aber habe ich ihn gelesen und gedacht: Haben die einen Vogel? Okay, wir hatten hier ein Luxushotel vom Allerfeinsten hingestellt, aber wir befanden uns vor den Toren von Baden-Baden und mitten im Schwarzwald. Das billigste Doppelzimmer sollte 290 Mark plus Frühstück kosten und die angenommene Auslastung im ersten Jahr war mit 85 Prozent taxiert. Ich dachte, die spinnen, denn diese Zahlen entbehrten jeder Realitätserfahrung. Ich ging also zum Hotelmanager und erklärte ihm, dass seine Zahlen vorne und hinten nicht stimmen würden.

»Wir brauchen mindestens zwei bis drei Jahre, um diese Kennzahlen einigermaßen zu erreichen. Hier gibt es das *Brenners* in Baden-Baden, es gibt *Traube Tonbach*, haben Sie dort mal die Preise verglichen?« Der Hotelmanager grinste mich an und meinte:

«Herr Keller, wir sind hier nicht angetreten, um der Provinz Konkurrenz zu machen. Wir messen uns mit dem *Vier Jahreszeiten* in Hamburg und dem *Bayerischen Hof* in München. Das ist unsere Liga.«

»Sie wissen aber schon, dass wir im Schwarzwald sind, am Arsch der Welt«, antwortete ich und bat mir Bedenkzeit aus. Ich habe mir das dann eine Nacht durch den Kopf gehen lassen und ihm am nächsten Morgen mitgeteilt, dass ich seinen Businessplan nicht unterschreiben könne. Mir war klar, wenn ich das unterschreibe und wir erreichen nach einem Jahr die Zahlen nicht, dann fliegt nicht der Hoteldirektor, sondern dann fliege ich raus. Zwei Tage lang kreuzte abwechselnd die komplette Geschäftsführung in der Küche auf und alle versuchten, mich zur Unterschrift zu überreden. Doch ich blieb bei meinem Nein. Also musste der Hoteldirektor seinen Businessplan ohne mein Okay beim Big Boss vorlegen. Als Grundig das sah, schickte er den Hoteldirektor mit den Worten »Entscheidung auf Montag verschoben« wieder fort und bestellte mich zum Rapport. Ich stieg auf mein Motorrad und fuhr nach Baden-Baden runter, wo Grundig residierte, und sah im Vorbeifahren auch meinen Hoteldirektor, der mit mürrischem Gesicht am Steuer wieder Richtung *Bühlerhöhe* fuhr.

»Warum unterschreiben Sie den Businessplan nicht, Herr Keller?«, fragte mich Grundig gleich beim Reinkommen ohne vorherige Begrüßung.

»Weil das utopisch ist«, antwortete ich ihm.

»Was ist daran utopisch?«, fragte Grundig zurück. »Ich habe hier für alles Spezialisten geholt. Ich habe die besten Marketingfachleute, den besten Hoteldirektor und den besten Koch – was bitteschön ist daran utopisch?«

»Es tut mir leid, Herr Dr. Grundig«, begann ich ihm meine Entscheidung zu begründen, »Sie können ja für die Ausstattung der Bäder wegen mir auch gerne blauen Marmor aus Brasilien holen, aber was meinen Bereich, die Gastronomie betrifft, müssen wir jetzt erst einmal in Personal und in die Gäste investieren. Und bei den Preisen werden wir im ersten Jahr noch nicht einmal eine Fünfzig-Prozent-Auslastung schaffen. Wissen Sie, Herr Dr. Grundig, wir sind hier im Schwarzwald und nicht in einer Großstadt. Ich komme aus der Gegend und ich weiß, was die Preise hier sind. Die *Traube Tonbach* kostet die Hälfte. Wo sollen wir bei unseren Preisen denn die Gäste herholen?«

»Herr Keller, ich habe Sie doch eigentlich nur zum Kochen eingestellt. Für die Zahlen habe ich doch meine Fachleute, jetzt unterschreiben Sie, damit wir weiterkommen«, meinte Grundig und hielt mir den bescheuerten Businessplan wieder unter die Nase.

»Nein, Herr Grundig, ich kann das nicht unterschreiben.« Ich schob ihm die Unterlagen wieder über den Schreibtisch zurück. »Das ist in meinen Augen eine utopische Rechnung und wenn die nicht aufgeht, dann bin ich der Depp, der nicht gut genug gekocht hat.«

Grundig gab mir einen Tag Bedenkzeit und ich musste am nächsten Morgen noch mal bei ihm antreten. An meiner Haltung hatte sich aber auch nach dieser Nacht nichts geändert und ich dachte schon, der setzt mich bestimmt vor die Tür, wenn ich ihm das mitteile. Grundig aber begrüßte mich in allerbester Laune und sagte:

»Herr Keller, ich hatte da gestern noch eine sehr gute Idee, die allerdings Ihrem Hoteldirektor nicht sonderlich schmecken wird. Sie sind ab sofort mein Gastronomiedirektor und der Hoteldirektor kümmert sich nur noch um das Hotel inklusive Frühstück. Für alles andere sind ab sofort Sie verantwortlich und bis Montag hätte ich dann gerne Ihre Etatberechnung auf dem Tisch.«

Scheiße, dachte ich, so etwas hatte ich noch nie gemacht, und ich hatte mal eben das Wochenende Zeit dafür. Ich rief einen

Freund an, der sich besser damit auskannte und mir helfen sollte, und besorgte mir einen Jahresplaner. Und dann haben wir das ganze Jahr, Tag für Tag durchgeplant. Am Montag um zehn Uhr stand ich wieder bei Grundig auf der Matte und überreichte ihm stolz meine Planung. Grundig sah sich nur ganz hinten die Zahlenzusammenfassung auf der letzten Seite an und schaute mich dann erstaunt an:

»Herr Keller, wissen Sie überhaupt, dass Sie ungefähr sechzig Prozent mehr ausgeben, als sie einnehmen?«

Und ich sagte: »Ja, Herr Dr. Grundig, aber das ist die Realität. Und wahrscheinlich wird das drei Jahre lang so sein, vielleicht jedes Jahr ein wenig besser.«

Jetzt wurde Grundig richtig wütend und brüllte: »Und warum erzählt mir das keiner außer Ihnen?«

»Ich weiß es nicht«, gab ich zurück, »und ich kann auch nur für mich sprechen, aber was die Küche betrifft, kenne ich mich aus. Hier geht es nur ums Essen, und um Sterne-Niveau zu erreichen, müssen wir in Vorlage gehen. Sterne und Punkte bekommt man nicht geschenkt und man kann sie auch nicht kaufen. Die Sterne müssen wir uns erarbeiten und deshalb brauchen wir im *Imperial* so viele Köche und müssen diesen großen Aufwand betreiben. Und sehr viel weniger kann es auch für die anderen Restaurants nicht sein.«

Grundig schaute mich einen Moment schweigend an, dann sagte er knapp: »Morgen, zehn Uhr.«

Ich fuhr zurück auf die *Bühlerhöhe* und wieder begegnete mir unterwegs der Hoteldirektor in seinem Auto, diesmal nur in umgekehrter Richtung. Grundig hat ihm und seiner Truppe einen schweren Anschiss verpasst. Am nächsten Morgen hat er dann unsere Etatplanungen abgezeichnet und schaute mit den Worten in die Runde: »Na, jetzt wollen wir doch mal sehen, wer Recht behält.«

Nach sechs Monaten waren meine Zahlen die einzigen, die der Realität nahekamen. Da ich einen sehr pessimistischen Ansatz verfolgt hatte, lag mein Ergebnis sogar noch fünfzehn Prozent über meiner Berechnung. Der Hoteldirektor hingegen wurde kreidebleich, als Grundig lospolterte. »Wo kommen Sie denn her? Sie kommen aus Paris und können trotzdem nicht rechnen.« Der alte Grundig war eben ein echter Patriarch und wenn er sauer wurde, dann konnte er schwer austeilen.

Einen Stern habe ich dann im ersten Jahr für das *Imperial* erreicht. Und es machte Spaß, obwohl ich ja jetzt doch zu einem angestellten Küchenchef geworden war. Vom Gefühl her habe ich aber in dem Laden so gearbeitet, als wenn es mein eigener gewesen wäre. Ich war Tag und Nacht da und hatte kaum freie Tage. Unterm Dach des Hotels hatte ich mir ein Zimmer eingerichtet und meine Familie wohnte unten im Bühlertal, wo ich dann vielleicht zweimal die Woche vorbeikam. Es war schon eine riesige Aufgabe, denn das Hotel war ja immer offen. Selbst wenn das *Imperial* seinen Ruhetag hatte, gab es ja auch noch drei andere Küchen zu betreuen. Ich habe natürlich nicht mehr gekocht, sondern kümmerte mich um die Menüpläne, den Einkauf und die Organisation der unterschiedlichen Mannschaften. Nach gut einem Jahr wollte ich eine gastronomische Woche organisieren und dachte, dann komme ich auch mal raus hier. Ich hatte mit dem Küchenchef eines Hotels im kalifornischen Napa Valley ein Joint Venture vereinbart. Die Idee war, eine Woche nach Kalifornien zu gehen, um dort unsere Küche zu präsentieren, und er sollte dann zum Gegenbesuch auf die *Bühlerhöhe* kommen. Grundig fand die Idee gut. Er versprach sich von dem kulinarischen Austausch auch mehr amerikanische Gäste und genehmigte die Aktion. Unser Hoteldirektor hatte bisher immer nur auf seine Connections zu den reichen Arabern gesetzt. Die kamen auch ein paar Mal im Jahr und haben dann immer gleich ein ganzes Stockwerk gemietet, aber das meiste Geld mit ihnen haben die Juweliere in Baden-Baden und das Casino verdient. Wenn sie Hunger hatten, musste ich dort immer antreten, um ihnen auf Englisch die Speisekarte vorzulesen. Echt idiotisch und vergebene Liebesmühe. Die haben ja nix gegessen. Sie waren die einzigen Gäste, die unsere utopischen Preise bezahlten, aber unsere Sterneküche hat die null interessiert. Durchgebratene Lammkeulen und Pommes – damit waren die kulinarischen Wünsche der Scheichs bereits vollends abgedeckt. So konnte der Hoteldirektor natürlich nicht auf seine Zahlen kommen. Als sich dann auch noch herausstellte, dass er bei der Ausstattung sein Budget um fast fünfzehn Millionen überzogen hatte, schmiss Grundig ihn raus und sagte zu mir: »Herr Keller, Sie können jetzt nicht nach Amerika, sie sind der einzig vernünftige Mensch da oben, Sie müssen bleiben.« Ich versuchte ihn natürlich davon abzubringen.

»Herr Dr. Grundig, das können wir doch nicht machen. Es ist alles arrangiert, die Flüge sind gebucht, die Presse ist informiert.«

»Herr Keller«, blieb Grundig stur, »Sie bleiben hier, ist mir egal, was das kostet.« So war er, der alte Patriarch. Ich habe dann meinen alten Lehrling Karl-Josef Fuchs angerufen, der schon bei mir in Oberbergen gelernt hatte, und ihm gesagt, dass er jetzt für mich eine Woche nach Kalifornien gehen müsse.

»Du weißt doch, wie ich koche, das passt schon.« Er sagte zu, und ich habe meine Mutter angerufen und ihr gesagt, dass der Fuchs mich vertreten müsse. Irgendwie hat die *Bild* davon Wind bekommen und lästerte genüsslich, ja, wenn ein Koch so viel verdient, ist er eben der Sklave seines Bosses. Das hat mir schon einen kleinen Stich versetzt, denn sie hatten ja nicht unrecht. Ein halbes Jahr später wollte ich das Gleiche in Mexiko machen, diesmal in Kooperation mit dem *Nikko*-Hotel, das auch ein Sternerestaurant hatte. Grundig hatte mir auch dieses Projekt abgesegnet, doch wenige Tage vor dem Event zog er die gleiche Nummer ab. Ich könne jetzt nicht dahin, dann ginge ja alles drunter und drüber und so weiter. Diesmal blieb ich aber hart.

»Herr Dr. Grundig«, sagte ich ihm ganz ruhig, »ich habe jetzt fünfzehn Monate durchgearbeitet und hatte so gut wie nie frei, ich werde jetzt nach Mexiko fahren. Ich kann doch nicht dauernd tolle Veranstaltungen planen und sie dann drei Tage vorher platzen lassen. Ich mache mich doch zum Idioten und für das Image des Hotels ist es auch nicht gut.«

Außerdem hatten wir ja inzwischen schon einen neuen Hoteldirektor und Grundig gab sich scheinbar geschlagen. »Na, wenn Sie meinen, dann machen Sie das«, verabschiedete er mich.

Als ich aus Mexiko zurückkam, wurde mir bereits am Flughafen mitgeteilt: »Herr Grundig hat sich inzwischen anders entschieden.« Er hatte während meiner Abwesenheit einen meiner Küchenchefs auf meine Position gesetzt und ich bin nur noch einmal ins Hotel hoch, um meine Klamotten zu holen.

Als ich dann am nächsten Tag in seinem Büro vor ihm stand, fragte ich: »Wie machen wir das jetzt, Herr Dr. Grundig?«

»Ich stehe zu meinem Wort Herr Keller«, antwortete er.

»Ich auch, Herr Dr. Grundig.« Ich hatte ja einen Vertrag über zwei mal fünf Jahre unterschrieben und es waren gerade einmal knapp zwei Jahre ins Land gezogen. Ich habe mir für den Laden wirklich den Hintern aufgerissen, meine Zahlen waren über Plan, aber er setzte mich trotzdem vor die Tür, weil ich mich in seinen Augen nicht loyal verhalten hatte.

Der Typ war schon faszinierend. Grundig war erzkonservativ, aber ich hatte durchaus Sympathien für ihn. Ein klassischer Unternehmertyp, der knallhart und überlegt seine Ziele verfolgte, aber auch völlig irrationale Entscheidungen treffen konnte. Wie bei meinem Rausschmiss. Vernünftig war das nicht und seinen Drei-Sterne-Traum konnte er auch erst einmal vergessen. Aber das spielte in diesem Moment keine Rolle. Ich hatte ihm eine

Bitte abgeschlagen und wer nicht für ihn war, war eben gegen ihn. Er hat auch tatsächlich Wort gehalten und mir eine wirklich großzügige Abfindung zugestanden.

Einige Wochen vor diesem überraschenden Ende hatte mich mein Vater angerufen und meinte am Telefon tatsächlich anerkennend: »Jetzt hast du es ja doch geschafft, du Spinner.« Er fragte, ob ich ihm einen Gefallen tun könne.

»Ja klar, gerne, ich kann dir nur kein Geld leihen.«

»Du Idiot«, meinte mein Vater, »ich brauch doch kein Geld von dir, aber den Grundig, den schätze ich sehr, was der nach dem Krieg auf die Beine gestellt hat, den möchte ich gerne mal kennenlernen. Frag doch den Grundig mal, ob er nicht zum Essen nach Oberbergen kommen will.«

Bei meinem nächsten Termin mit ihm erzählte ich Grundig vom *Schwarzen Adler* und dass er ein echtes Idol für meinen Vater sei, weshalb mein Vater ihn gerne nach Oberbergen einladen wolle. Grundig fragte als Erstes, »Kann man da mit dem Hubschrauber landen?«

»Ja«, sagte ich, »dann müssen wir halt kurz die Straße sperren.« Wir haben zwei Termine anberaumt und zweimal hat es nicht geklappt, weil das Wetter schlecht war. Man hätte den Weg ja auch bequem mit dem Auto geschafft, aber Grundig reiste gerne mit dem Hubschrauber. Er war damals auch schon ziemlich unbeweglich und hatte eine Verletzung am Fuß. Deshalb schlug Grundig vor, dass mein Vater doch auch hierher nach Baden-Baden kommen könne. Als mein Alter dann in Baden-Baden eintraf, bin ich irgendwann hinzugestoßen und da saßen die beiden in Grundigs Büro, waren am Lachen und erzählten sich Geschichten, wie das nach dem Krieg so mit dem Schwarzhandel alles losgegangen war. Die alten Herren verstanden sich prächtig. Ich wollte mir die alten Kriegsgeschichten nicht anhören und wartete draußen bei der Sekretärin, bis die beiden dann was essen wollten. Irgendwann kamen sie ganz aufgelöst und gut gelaunt aus dem Büro und Grundig sagte: »Herr Keller, wenn ich Ihren Vater gekannt hätte, bevor ich die *Bühlerhöhe* gekauft habe, dann hätte ich die Finger von dem Scheißdreck gelassen.« Mein Vater hatte ihm halt erklärt, dass die Gastronomie ein ziemlich kompliziertes Geschäft ist und im Grunde bestätigt, was ich ihm auch bei meiner Etatplanung schon gesagt hatte.

Grundig hatte ja auch so eine kriegsbedingte Macke. Der hatte ja eine Stiftung gegründet und in seiner Familie bekamen alle bis zum wahrscheinlich siebzehnten Verwandtschaftsgrad eine monatliche Apanage, von 1 300 Mark aufwärts. Das hatte er so eingerichtet, weil er nicht wollte, dass auch nur der Entfernteste seiner Verwandten jemals wieder Hunger leiden sollte. Im Krieg war er mit seiner Mutter fast verhungert und das muss für ihn wirklich eine schreckliche Erfahrung gewesen sein. Deshalb hat Grundig als echter Franke ja auch Zeit seines Lebens am liebsten Schweinebraten und Knödel gegessen und litt inzwischen auch an einer schweren Gicht, weil er viel zu viel Fleisch gegessen hatte und nie Gemüse. Als ich für ihn gearbeitet habe, hat er schon ziemlich gelitten, war oft krank und hatte auch einen Professor als seinen eigenen Privatarzt auf der *Bühlerhöhe*. Wegen seiner Gicht musste Grundig ja auch zwei Mal im Jahr in seiner eigenen Klinik eine Kur machen und seine Frau hat aufgepasst, denn er sollte während der Kur kein Fleisch essen. Als es mal wieder soweit war, bestellte er mich in die Kurklinik.

»Herr Keller«, eröffnete er sein Anliegen, »ich krieg' jetzt wieder sechs Wochen nichts Gescheites zu essen, da könnten wir uns doch zwischendurch mal in Ihrem Büro treffen.«

Ich hatte da so eine niedrige Zwischenetage im Schloss oben, wo man fast gebückt rein musste, aber Grundig war ja nicht groß.

»Warum in meinem Büro?«, fragte ich ihn.

»Ja«, druckste er fast ein wenig, »ich bin doch hier auf Kur und es darf mich doch keiner sehen. Ich gehe dann offiziell im Park spazieren und dann komm ich zu Ihnen und kriege was Gescheites zu essen.«

Er kam dann jeden zweiten Tag in mein Büro und ich habe ihm seinen geliebten Schweinebraten und Kartoffelbrei gemacht.

»Ihre Knödel krieg ich nicht hin, so wie Sie die mögen.« Doch Grundig war das egal: «Na gut, dann esse ich halt Kartoffelbrei – mein eigener Koch kann das eh besser, weil dem hab ich's auch selbst beigebracht.«

Wir saßen dann bei mir in diesem echt kleinen Kabuff, das eher so ein Teil vom Vorratsraum war und Grundig sagte, »Sie haben aber ein nettes kleines Büro.«

»Na ja«, antwortete ich, »ich bin ja auch nicht so wichtig, ich brauche kein größeres Büro.« Hinter meinem Schreibtisch an der Wand hing so ein Terminplaner. Da stand immer am Donnerstag von fünfzehn bis achtzehn Uhr ein Termin mit allen Abteilungsleitern. Teambuilding nannte das der Hoteldirektor, weil dann alle vom Wäschereileiter über den Gärtner bis zum technischen Leiter und der Chefin vom Housekeeping für drei Stunden zusammenkamen und jeder die Probleme seiner Abteilung vortragen konnte und die anderen ihren Senf dazugeben durften. Ich bin bei diesen Meetings meistens eingenickt und hatte die wöchentliche Laberstunde beim Hoteldirektor in meinem Timer als »Kinderstunde« eingetragen. Als Grundig wieder mal mit seinem Schweinebraten bei mir saß, fiel sein Blick auf meinen Wandkalender. »Sie nehmen sich aber schön viel Zeit für ihre Kinder«, stutze er. Ich musste lachen und erklärte ihm, was das eigentlich für ein Termin war. Ich sagte ihm auch, dass ich das für echte Zeitverschwendung hielt und es doch viel effizienter sei, wenn der Hoteldirektor mit jedem Einzelnen seine Probleme besprechen würde. »Teambuilding«, kaute Grundig das für ihn neue Wort noch einmal mit einem Stück Schweinebraten runter, »auch wieder so ein neumodischer Kram.«

Einen Tag später war die Kinderstunde dann ein für alle Mal erledigt. Bei dieser Gelegenheit gab mir Grundig auch noch mal zu verstehen: »Gell, Herr Keller, eine Gewerkschaft brauchen wir hier oben nicht, das hat es bei mir noch nie gegeben.«

Es kam natürlich, wie es kommen musste: Irgendwann erwischte uns seine Frau in meinem Kabuff, als Grundig sich gerade mal wieder seinen Schweinebraten schmecken ließ. »Ich hab' dich überall gesucht«, schimpfte sie los und ich bin hinter meinem Schreibtisch zusammengesunken. »Und jetzt weiß ich auch, warum mein Mann in seiner Kur nie abnimmt!«

Im Grunde hatten Grundig und ich wirklich ein super Verhältnis. Er fragte mich häufig, wenn mal wieder in einem seiner Hotels die Position des Küchenchefs zu besetzen war, und er hat es sehr geschätzt, dass ich ihm immer die Wahrheit gesagt habe. Trotzdem hat er mich von einem auf den anderen Tag entlassen. Ich bin sehr froh, dass ich meine Vertragsauflösung und die Abfindungsmodalitäten noch direkt mit ihm besprechen konnte. Vier Monate später ist Max Grundig gestorben und ich bin mir sicher, wenn ich das alles mit seinen Geschäftsführern hätte aushandeln müssen, hätte ich niemals diese Abfindung bekommen. Die konnten mich nie leiden, weil ich ihre Spielchen nicht mitgemacht habe und meinen eigenen Kopf hatte. Wahrscheinlich hätte Max Grundig auch noch ein Weilchen länger gelebt, wenn er sich nicht auf seinen Privatarzt verlassen und vielleicht auf den einen oder anderen Schweinebraten verzichtet hätte.

Für mich endete damit der Versuch, noch einmal auf das Drei-Sterne-Level aufzusteigen, aber ehrlich gesagt, hatte ich damit auch kein Problem. Zwei Jahre hatte ich mich nun im absoluten Topsegment der Hotellerie bewegt, umgeben von windigen Managertypen, die den halben Tag mit ihren Businessbilanzen verbrachten und sich mit gefakten Zahlen die Zukunft rosa malten. Aber hatten sie wirkliche Leidenschaft für das, was sie da taten? Ich selbst war ja als Gastronomiedirektor auch schon fast zu einem Organisationsbürokraten und Einpeitscher für meine Küchenmannschaften mutiert. Ich war rund um die Uhr unterwegs, nur für eines hatte ich keine Zeit mehr: das Kochen. Ging es bei all dem Aufwand und Einsatz, den wir betrieben haben, wirklich noch um Genuss, oder doch nur um Rendite? Das ist die Frage, die ich mir auch heute stelle. Verliert die Sterneküche nicht ihre Verbindung zum Publikum und den echten Genussfreunden? Wenn die Spitze nur noch in Verbindung mit Hotels wie dem *Bayerischen Hof* denkbar ist, dann hast du nur noch die reichen Schnösel in deinem Laden sitzen, die zwar deine Preise bezahlen können, aber doch eher aus Statusgründen da sind und weder Ahnung noch Achtung vor dem Essen haben, das ihnen serviert wird. Meine Welt ist das nicht. Am Schürzenzipfel meiner Oma hatte ich als kleiner Junge in einer schlichten Dorfkneipe die Grundprinzipien einer bodenständigen Küche kennengelernt und war nun bis zur höchsten Stufe in der Hotel- und Spitzengastronomie geklettert. Aber als Grundig mich vor die Tür gesetzt hat, wusste ich zumindest zwei Dinge ganz sicher: Ich wollte wieder kochen und ich würde es ab sofort nur noch nach meinen Spielregeln tun.

Zurück zu den Wurzeln und ein richtiger Schritt nach vorn

Kurz nach meinem Ausstieg auf der *Bühlerhöhe* bekam ich das Angebot, als Küchenchef im *Kronenschlösschen* in Eltville im Rheingau anzufangen. Auch hier habe ich mir wieder einen Stern erkocht, aber wenn ich ehrlich bin, habe ich im Hinterkopf schon an einer anderen Idee gearbeitet. Ich wollte mich wieder selbstständig machen, mit einer einfachen Weinstube und einer guten Küche. Eine Zeitlang habe ich mir in der näheren Umgebung und in Wiesbaden einige Lokale angeschaut, aber nichts gefunden, was meinen Vorstellungen entsprochen hätte. Eines Abends saß ich dann mit Josef Laufer in seinem legendären *Krug* in Hattenheim und der sagte plötzlich: »Warum bist du denn so blöd und suchst in Wiesbaden. Du hast doch hier ein Haus in Hattenheim, mach es doch hier.«

Da hätte ich eigentlich auch selbst draufkommen können. Wir legten uns sofort ins Zeug und planten den Umbau unseres Wohnhauses. Die Baugenehmigung für ein Lokal zu erhalten, war allerdings viel komplizierter, als ich dachte. Monatelang saß ich jeden Montag um sieben Uhr auf der Treppe der Baubehörde in Rüdesheim und habe auf die Beamten gewartet, doch die bürokratischen Mühlen in Deutschland mahlen bekanntlich langsam. Wir begannen den Umbau ohne Genehmigung und ich habe die *Adler Wirtschaft* auch erst einmal ohne Konzession eröffnet. Ich hatte einfach keine Zeit, Beamten-Mikado zu spielen – wer sich zuerst bewegt, verliert. Jetzt allerdings waren sie ganz fix zur Stelle und machten mir den frisch eröffneten Laden gleich wieder dicht. Mein Steuerberater meinte dann zu mir: «Pass auf, ich komme jetzt mit zum Amt, aber du hältst die Klappe. Du sprichst nur, wenn die dich fragen und ich genickt habe, ansonsten gebe ich Antworten.»

Am nächsten Tag war die Sache geregelt. Nach meinem Job auf der *Bühlerhöhe* hatte sich der Michelin ja bei mir beschwert und mich darauf hingewiesen, dass ich sie doch bitte möglichst vorher informieren sollte, wenn ich ein Haus verlassen würde. Also schrieb ich ihnen jetzt, dass ich nicht mehr im *Kronenschlösschen* war. Rechtzeitig zur Eröffnung ging dann ein offener Brief an meine damals schon fast 600 Stammgäste, den Michelin-Führer und auch an den Gault-Millau raus, in dem ich bekanntgab, dass die *Adler Wirtschaft* in Zukunft lieber gänzlich ohne irgendwelche Auszeichnungen auskommen möchte. Jetzt wollte ich die Idee meiner eigenen Küche noch weiter führen. Eine Vision mit noch viel mehr Tiefgang als bisher, rein produktbezogen, handwerklich völlig ohne Schnörkel und Moden, bis hin zu meinen eigenen Tieren und deren Fleisch.

Dass ich mich Anfang der neunziger Jahre mit der Eröffnung meiner *Adler Wirtschaft* in Hattenheim aus dem Hitparadengedöns um Sterne und Punkte verabschiedet habe, hatte nicht nur mit meinem Desaster in Köln zu tun, sondern auch mit den Erfahrungen, die ich auf meinen vorherigen Stationen bei Max Grundig gesammelt habe. Mitte der achtziger Jahre setzte mit der beginnenden Globalisierung nicht nur ein grundlegender Wandel in vielen Wirtschaftsbereichen ein, auch die Sternegastronomie entwickelte mehr und mehr internationale Ambitionen. Doch das reizte mich nicht mehr, mein kulinarischer Kompass zeigte in eine andere Richtung.

Ich hatte mich schon immer gefragt, warum die Franzosen fähig waren, anständiges Geflügel zu züchten und wir Deutschen nicht? Warum ist das so? Weil es hier in Deutschland keiner bezahlt. Ich dachte mir, egal, ich mache das jetzt selbst. Wenigstens anständige Eier wollte ich für meine Küche und habe in einem ehemaligen Schrebergarten in Hattenheim mit Hühnern und Gänsen angefangen. Dann kamen ein paar Schweine dazu, was natürlich nicht erlaubt war. Es hätte aber wahrscheinlich auch keinen gejuckt, das Problem war nur, dass mein Garten in der Nähe des Friedhofs lag und wenn dort einer mit einer schönen Blasmusik beerdigt wurde, haben meine Schweine mitgequiekt. Als mir dann einer ein Schwein vergiftet hat, war mir klar, dass ich auf Dauer eine andere Lösung finden musste. Den nächsten Tiergarten konnte ich dann in Walluf bei meinem Freund und Weinmacher Hajo Becker aufmachen. In der *Adler Wirtschaft* habe ich mit einer kleinen Karte angefangen, zwei Gänge für 29 Mark, mit Dessert 33 Mark. Schritt für Schritt wurde die Karte dann erweitert. Das meiste Fleisch für die *Adler Wirtschaft* habe ich damals aus Frankreich bezogen. Schon in meiner Zeit im *Kronenschlösschen* habe ich aber in Deutschland einen Metzger kennengelernt, Manfred Elzenheimer aus Unterliederbach. Der stand mal an der Theke und beschwerte sich bei mir: »Warum habt ihr hier nur französisches Charolais-Fleisch auf der Speisekarte, es gäbe doch auch in Deutschland gutes Fleisch.«

»Na dann bringen Sie mir doch mal ein gutes Stück Fleisch vorbei«, forderte ich ihn auf. Er kam dann ein paar Tage später wieder und brachte mir sein Fleisch. »Das ist auch ein Charolais, es darf nur nicht so heißen, weil wir das hier in Deutschland züchten.« Das stimmt, die Franzosen haben diese Qualitätsprinzipien und schützen so auch ihre regionalen Produkte. Echte Charolais-Rinder dürfen nur aus dieser Gegend stammen und müssen auch dort geschlachtet worden sein. Ich hatte damals gleich mit der Presse über das tolle Fleisch meines Metzgers gesprochen und prompt kam eine einstweilige Verfügung aus Brüs-

Mit der Eröffnung meiner *Adler Wirtschaft* in Hattenheim 1993 habe ich mich aus dem Sterne-Zirkus verabschiedet. Jetzt wollte ich die Idee meiner eigenen Küche noch weiterführen. »Vom Einfachen das Beste« – eine Vision, mit noch viel mehr Tiefgang als bisher, rein produktbezogen, handwerklich völlig ohne Schnörkel und Moden, bis hin zu meinen eigenen Tieren und deren Fleisch.

sel und die Androhung einer Konventionalstrafe, wenn wir die hier in Deutschland aufgewachsenen Rinder weiter als Charolais bezeichnen würden. Wir hatten dann einen pfiffigen Anwalt aus Frankfurt, der meinte: »Wisst ihr, was ihr macht? Ihr nennt die Rinder nun einfach Charol-Rinder, das Fleisch ist dann das Charol-Fleisch! Der Name ist nicht geschützt und klingt doch fast wie das Original.« Gesagt, getan.

Zu meinen Stammkunden in der *Adler Wirtschaft* gehörte auch der Vorbesitzer des Falkenhofs. In den sechziger Jahren war der Falkenhof als Aussiedlerhof gegründet worden. Der erste Besitzer hatte aber an der weit verbreiteten Jägermeister-Krankheit gelitten, dem Suff, weshalb der Hof irgendwann versteigert wurde und nun meinem Stammgast gehörte. Der interessierte sich allerdings nicht für Landwirtschaft, sondern baute ohne Genehmigung Reithalle, Scheunen und viele Pferdeställe aus, weil seine Töchter unbedingt Springreiterinnen werden sollten. Nun saß er hier eines Abends und erzählte mir, dass er Ärger mit der Gemeinde wegen all seiner Aktionen da oben hatte. Den Falkenhof kannte ich schon damals bestens, weil er direkt an einer meiner Lieblingsmotorradstrecken lag, mit den schärfsten Kurven, in denen auch schon mal Motorradpolizisten auf die Schnauze flogen.

»Tja«, sagte ich ihm, »ein Pferdehof ist wie Golfspielen, das ist Luxus und nur was für Reiche. Weder richtige Bauern noch die Gemeinden bis hin zur Unteren Naturschutzbehörde wollen damit etwas zu tun haben. Machen Sie Landwirtschaft und alles wird gut. Machen Sie aus dem Falkenhof einen richtigen Bauernhof, dann dürfen Sie alles machen. Die Bauern haben hier bei uns alle Rechte der Welt.«

Zwei Tage später rief er mich an. »Herr Keller, ich werde jetzt Bauer, aber Sie müssen das machen. Ich baue hier einen Stall für Rinder und für Schweine und wir machen einen Deal. Sie kaufen zehn Rinder, die hier aufwachsen, und wenn Sie schlachten, gehören zwei der Rinder mir.« Okay, dachte ich mir, so könnte das für den Anfang funktionieren.

Warum interessierte mich die Rinderzucht? Arbeit hatte ich doch eigentlich genug und für die *Adler Wirtschaft* bezog ich von Anfang an mein Gemüse von Händlern aus der Region und auch mein Fleisch in guter Qualität von den Metzgern meines Vertrauens. Damit hätte ich mich doch eigentlich zufriedengeben können. Ich glaube, ich wollte mir einfach beweisen, dass ich das kann. Viele Jahre habe ich in der Sternegastronomie zugebracht, mit großer Lust und Begeisterung. Doch mir ist natürlich nicht verborgen geblieben, dass die Sterneküche eben in großen Teilen auch eine Illusionsküche ist. Klar, die Inszenierung gehört dazu, denn das Auge isst bekanntlich mit. Damit bin ich ja auch einverstanden. Aber die Inszenierung einer sinnlichen Erfahrung, die ein tolles Essen immer ist, darf nicht zu einer Verneblung unserer Sinne führen. Meine Bereitschaft, bei der Qualität der Grundprodukte Kompromisse einzugehen, hat mit den Jahren immer stärker abgenommen, und fragwürdige Produktionsbedingungen zu ignorieren, ist mir immer schwerer gefallen. Wie soll man da denn, wenn man sich den ganzen Tag mit Ernährung beschäftigt, einfach wegsehen? Aktuell erleben wir ja gerade wieder eine sehr lautstarke PR-Kampagne, um den Fleischgenuss zu retten und schon wieder geht es hauptsächlich um modisches Trendgetöse. Die wirklich wichtigen Grundlagen werden dagegen wieder einmal ausgeblendet: das Grundprodukt, die Herkunft und die Entstehung des Fleisches. Wieder einmal wird vorwiegend Effekthascherei betrieben, während die vielen Akteure ihr Halbwissen offenbaren.

Um das Image von Fleisch und Metzgern aufzupolieren, gibt es jetzt seit kurzem zertifizierte »Fleisch-Sommeliers«. Ganze zwei Wochen dauert die Zusatzausbildung, um ein paar neue Cuts zu lernen, und danach dürfen sich die diplomierten Fleisch-Som-

Der Falkenhof in Heidenrod-Dickschied ist heute das Zuhause für mich und meine Tiere. Vom Land auf den Teller versuchen mein Sohn und ich, alle notwendigen Schritte selbst zu bestimmen und zu kontrollieren, um unseren Gästen einen perfekten Genuss und nachhaltige Qualität anbieten zu können.

meliers zur besseren Unterscheidung vom gewöhnlichen Metzger ihre schwarze Arbeitskleidung überziehen. Tragen die alle Trauer, weil es so wenig wirklich gutes und anständiges Fleisch gibt? Mit der Hygiene scheinen sie es auf jeden Fall nicht so genau zu nehmen, denn es hat schon seinen Grund, warum Metzger und Köche in weißen Klamotten stecken und Schwarz die Farbe der Schornsteinfeger ist. Ich hätte grundsätzlich nichts dagegen, wenn Fleisch in Deutschland sehr bald auch mal etwas teurer werden würde. Aber bitte nicht nur bei den Fleisch-Sommeliers, die in ihren aufpolierten Fleisch-Boutiquen und Filet-Shops auch viel Unsinn und heiße Luft produzieren.

Nehmen wir als Beispiel doch mal das wegen seiner schönen Marmorierung so viel besungene japanische Kobe- oder Wagyū-Fleisch, für das man pro Kilo um die 600 Euro oder mehr bezahlen muss. Diese Marmorierung entsteht ja angeblich, weil diese Rinder so fürsorglich gepflegt, mit Mozart-Symphonien bespaßt und den halben Tag mit einer Mischung aus Bier und Sake massiert werden. Wer dieses schöne Märchen glaubt, hat von Fleisch wenig Ahnung und will es anscheinend auch dabei belassen. Beim Rind geht es natürlich auch um das Fett, denn Fett ist ein guter Geschmacksträger. Für das Tier ist Fett bis zu einem gewissen Maß notwendig und dient als eine Art Sicherheitsvorrat für schlechte Zeiten, zum Beispiel für die Winterzeit. Das Kobe-Rind ist eine Rasse, die genetisch darauf programmiert ist, viel Fleisch und Fett anzusetzen. Fleisch und Fett entstehen aber nicht durch Mozart, sondern durch eine sehr intensive Mast. Und was macht so ein Rind, wenn es permanent mit zu viel und zu reichhaltigem Futter gestopft wird? Es reagiert mit einer Notablage und verschiebt das überschüssige Fett in Form von feinen Fettäderchen ins muskuläre Fleisch. So entsteht die Marmorierung. Ganz ehrlich, würde man hier in Deutschland ein solches Rind so intensiv mästen, um diesen höchstmöglichen

Fettgehalt im ganzen Körper zu erreichen, würde man ganz sicher Probleme mit dem Tierschutz bekommen. Die Viecher haben sicherlich keine oder kaum Bewegungsmöglichkeiten, müssen und können den ganzen Tag nur fressen und fressen. Letztlich ist die Kobe-Fleisch-Produktion eher vergleichbar mit der Produktion einer Gänsestopfleber. Die Fettleber einer Gans entsteht leicht und ist tatsächlich auch ganz ohne Qual möglich. Gänse müssen sich ja den ganzen Tag mit Fressen beschäftigen. Sie verdauen unglaublich schnell und setzten aus einem relativ einfachen und simplen Nährstoff wie Gras Fleisch und Fett an. Das kann man natürlich auch noch beschleunigen. Beispielsweise, indem man eine Masse aus Milch, Brötchen und geschrotetem Mais aufkocht und in Kugeln formt. Diese Kugeln stopft man den Gänsen in den Hals, dann dösen die eine Stunde, bis sie verdaut haben, entleeren sich und kommen freiwillig wieder, um sich erneut stopfen zu lassen. Das ist doch bequemer, als den ganzen Tag mit Laufen und nur Grasfressen zu vergeuden. Okay, das war die etwas verniedlichte Beschreibung. Natürlich gab es früher Bauern, die haben die Gänse in eine Holzkiste gesteckt, aus der hinten nur der Arsch rausgeschaut hat, und vorne wurde die Gans gestopft. Diese Extreme gibt es heute leider immer noch: eine brutale und maschinelle Stopfung mit Beleuchtung rundum, ohne den normalen Tages- und Nachtrhythmus, und so geht die große Schweinerei wieder weiter. Wie auch immer: Das durchs Stopfen produzierte Fett setzt erst mal unter der Haut an und wenn sich dort genug Fett angelagert hat, deponieren die Gänse ihr Fett als mehr oder weniger große Fettkugel unter dem Flügelansatz. Kleiner Tipp, wenn Sie mal wieder eine Gans kaufen: Prüfen Sie das Fett an dieser Stelle, wenn die Gans hier schön füllig ist, dann ist sie reif. Sind nun die äußeren, tastbaren Fettlager voll, setzt die Gans das Fett im Darm und Magenbereich an. Wenn dann der Verdauungstrakt nicht mehr weiß, wohin mit dem Überschuss, wird es final in der Leber abgelagert, bis es wehtut. Geschlachtet muss sie dann aber unbedingt schon vorher werden, sonst ist alles für die Katz, die Fettleber schlecht und nicht mehr zu verarbeiten.

Zurück zum Rind. In den schicken Fleischboutiquen und inzwischen auch schon im Onlinehandel wird ja seit einiger Zeit auch Dry Aged Beef lautstark angepriesen. In meinen Augen ist auch das so ein unnötiger, beziehungsweise leicht durchschaubarer Marketingschwachsinn. Ein Rind, egal ob Bulle, Ochse oder Färse, das in noch nicht einmal 24 Monaten schnell fett gemästet wurde, muss man nicht drei Monate abhängen und vor sich hin trocknen lassen, um das Fleisch dadurch reifen zu lassen. Das Abhängen von Fleisch ist ja im Grunde nichts anderes als ein über die Temperatur gesteuerter, langsamer Verwesungsprozess. Dabei arbeiten Enzyme, die die Muskelfaser langsam zersetzen, also das Fleisch zarter machen. Das macht bei älteren, entsprechend festeren und deshalb auch zäheren Rindern viel Sinn, aber mit Tieren, die im Schnelldurchgang gemästet wurden, ist die Methode nicht mehr als eine Veredelungsillusion der sogenannten besten Stücke, wie Steaks und kurzgebratenen Teilen oder gar – der absolute Schwachsinn – beim Filet. Der Hauptgrund dafür ist leider schlicht und einfach wieder einmal, sehr viel durchschnittliche Fleischqualität viel teurer an den Mann zu bringen. Also auch wieder leider größtenteils eine Märchenstunde für Erwachsene und gutgläubige Vielfleischkonsumenten, die von den eigentlich wichtigen Fragen zur Haltung der Tiere ablenkt und dem Verbraucher das überteuert erkaufte Gefühl von Qualität vermittelt. Ein Fake also, der darüber hinwegtäuscht, dass das Fleisch in guter Qualität, von der ich spreche und für die ich mich einsetze, immer seltener gibt. Und es sieht derzeit nicht so aus, als würde sich an den grundsätzlichen Bedingungen der Fleischproduktion etwas ändern.

Im Gegenteil, die Produktionsmethoden zur Mastbeschleunigung in der Massentierhaltung werden immer perfider. Besonders einfallsreich sind hier mal wieder unsere Zwangsfreunde von der anderen Seite des großen Teiches, die amerikanischen Fleischproduzenten. Früher haben die ja gerne und viel auf Hormonfleisch gesetzt. Zack, eine Spritze ins Genick und dann haben die Rinder gefressen wie die Wahnsinnigen. Weil das inzwischen selbst bei amerikanischen Verbrauchern in Verruf geraten ist, haben sich die pragmatischen amerikanischen Fleischproduzenten, und ich rede nicht von den leider nur sehr wenigen Rinderzüchtern, die auch da drüben auf anderen, besseren Wegen unterwegs sind, etwas Neues ausgedacht. Die füttern ihre Rinder jetzt nicht mehr einfach nur mit Mais, was sowieso schlechtes Futter ist, da es nur dem schnelleren Wachstum dient, nicht aber der Fleischqualität. Zum Glück für die Produzenten sieht man dem Fleisch von außen ja nicht an, welche Nährstoffe es nach dieser Masttortur wirklich noch enthält und wie hoch der Anteil pharmazeutischer Mittel ist, die während der Mast eingesetzt wurden. Diese Art, zu denken und zu handeln, ist ja eigentlich schon schlimm genug. Doch seit längerem ist man in der Rindermast schon wieder sehr viel weitergegangen.

Das Problem bei diesen langsamen und »blöden« Rindern ist doch, dass sie Wiederkäuer sind. Und das heißt: fressen, sich ablegen, rülpsend alles noch mal hoch würgen und dann noch einmal genüsslich und langsam zerkauen. Dieser in der Natur der Rinder liegende Verdauungs- und Verwertungsprozess folgt einem festen zeitlichen Rhythmus und dauert etwa sechs Stunden. Von neuem Hunger danach wieder angetrieben, stehen die Rinder dann wieder auf, entleeren sich und fangen wieder an zu fressen. Genau so funktioniert das auch beim Rotwild, Rehen und anderen wiederkäuenden Tierarten. Um diesen für die Turboproduktion so zeitraubenden Verdauungsvorgang zu überlisten, sind amerikanische Rindfleischproduzenten dazu übergegangen, die armen Viecher mit Popcorn zu füttern. Ja, Sie haben richtig gelesen, mit Popcorn! Wenn also so ein Rind froh und zufrieden auf den hoffentlich riesigen Weideflächen gerade mal zwölf Monate alt werden durfte, geht es danach ab in die Popcornmast.

Die perverse Idee dahinter: Weil der Mais so nun praktisch vorgegart, also quasi schon wie vorverdaut ist und wirkt, ist das Wiederkäuen, der völlig natürliche Vorgang im Wesen der Rinder, schlicht nicht mehr nötig. Das Wiederkäuen wird völlig sinnlos, denn es kommt nach der Mahlzeit nichts mehr hoch, um nochmal nachgekaut und feiner zermahlen zu werden. Innerhalb von zehn Tagen vergessen die Tiere, dass sie Wiederkäuer sind, und fressen den ganzen Tag praktisch ununterbrochen. Nach drei Monaten sind sie dann so fett wie sonst nach sechs bis sieben Monaten. Die Popcornmast ruiniert natürlich ihren Verdauungstrakt und sie kriegen die Scheißerei. Die Tiere sind krank, aber darauf kommt es nicht mehr an – statt lange und langsam fressend nach 24 Monaten endlich einigermaßen schlachtreif zu sein, haben sie so schon nach sechzehn Monaten ein viel höheres Lebendgewicht erreicht und dann wird ihr Fleisch, natürlich Dry Aged, in der Edelfleischboutique vom trauergekleideten Fleisch-Sommelier in Schwarz als angetrocknetes superteures Edelsteak verkauft.

Wenn du in Florida in einen Laden zum Fleischeinkauf gehst, liegt fast nur noch diese Qualität zum Einkauf in Massen herum, schön anzuschauen, wunderbar marmoriert, scheinbar perfekt und wunderbar. Nur noch ganz schüchtern und klein, viel dunkler und weniger marmoriert, liegt da auch noch etwas Fleisch mit der etikettierten Aufschrift rum »Nur aus reiner Weide- und Grasfütterung«. Schauen wir mal, wie lange noch. Denn natürlich kostet diese »pure grass«-Qualität manchmal fast das Doppelte. Ich bin gespannt, wie lange es überhaupt noch im Handel

Meine Rinder und die Charolais-Kuh Blanca (die Weiße) auf der Weide. Die artgerechte Haltung unserer Tiere schlägt sich in der Fleischqualität nieder.

ist oder ob es dann nur noch für den Eigenkonsum der Fleischbarone und ihrer Freunde zu haben ist. Die inneren Werte, der Gehalt an den richtigen Nährstoffen im Fleisch, zählen beim überwiegenden Teil der Kunden eben nicht oder noch schlimmer, sie wissen es gar nicht mehr und es wird dem normalen Konsumenten auch ganz bewusst vorenthalten. Ich hoffe nicht, dass das unsere Zukunft ist – America first, auch im deutschen Rinderstall. Wenn man es genauer betrachtet, unterscheiden sich die Mastmethoden in den Rinderfabriken nicht wirklich von den Strategien der Fast-Food-Ketten, die ihre Kunden mit minderwertigem Fraß aus billigsten Rohstoffen und überzuckerten Getränken in die Verfettung treiben. Ein Geschäft, das den Fast-Food-Ketten Milliardengewinne in die Kassen spült, die sie womöglich noch in Steueroasen verstecken und die unsere Krankenkassen für die Behandlung der Folgeschäden von Diabetes bis Alzheimer jedes Jahr Milliarden Euro kostet. Hat der Staat hier eigentlich keine Fürsorgepflicht für seine Bürger?

Diese Idee, die Natur eines Tieres im Sinne der Optimierung von Produktionsprozessen zu ignorieren und zu manipulieren, erinnert mich an den BSE-Skandal. Damals hatten zunächst die Briten damit begonnen, ihre Rinder mit Tierfutter aus gemahlenen Kadavern von Schafen zu füttern. Wir erinnern uns: Rinder sind wiederkäuende, reine Vegetarier! Dumm nur, dass die verfütterten Schafe an Scrapie litten, einer schwammartigen Gehirnschädigung, die bereits seit Jahrhunderten bei Schafen bekannt ist, aber eben bis dahin nur bei Schafen. Schon bald nach Ausbruch des Rinderwahns in England wurde bekannt, dass der Verzehr von mit BSE infizierten Rindern beim Menschen zu einer neuartigen Variante der Creutzfeldt-Jakob-Krankheit führte, die der Gehirnschädigung der Schafe sehr ähnlich ist. Aus dem Rinderwahnsinn war jetzt Menschenwahnsinn geworden. Und warum? Weil man reine Pflanzenfresser mit tierischen Proteinen zu mästen begann, da das so schön billig war. Es müssen wirklich kranke Hirne sein, die sich so etwas ausdenken. Doch nicht nur die Briten waren vom Rinderwahnsinn betroffen, wo damals über neunzig Prozent aller aufgetretenen Fälle registriert wurden.

Bei uns gibt es noch ganz andere Gründe, die mich noch viel Schlimmeres befürchten lassen für die Zukunft. In unserer hochgerüsteten, hoch optimierten deutschen Milchproduktion versucht man, über Selektion und Reinzucht die Milchkühe dazu zu bringen, immer mehr Milch pro Tag und Jahr zu geben. Die sieht man auch immer wieder mal, jedenfalls bei den Milchbauern die ihnen noch Zeit lassen, ab und an auf der Wiese zu fressen und ihnen etwas Bewegung gönnen: spindeldürre Knochengestelle ohne auch nur ein Gramm Fett zu viel auf den Rippen, aber mit Eutern so groß, dass sie locker ihren ganzen Kopf vor Scham darin verstecken könnten. Wie die schön herausgeputzten Milchkühe auf den Milchtüten sehen die auf jeden Fall nicht aus! Um in der pervertierten Züchtung maximale Erträge zu erreichen, braucht man immer noch die Bullen, ganz spezielle Bullen, die für die Wunschträume der sehr großen Milchwirtschaftsbetriebe speziell herausgezüchtet und selektiert wurden. Genauer gesagt, braucht man nur das Sperma der armen Kerle. Alles andere wäre ja wieder pure Verschwendung. Dieses und nur genau dieses Sperma wird dann an tausende Milchrinder feinst dosiert verteilt und viele, hoffentlich weibliche Kälbchen, stehen wieder zur Verfügung, um hoffentlich noch ein paar Liter mehr Milch pro Tag und Tier produzieren und verkaufen zu können.

Nur blöd, wenn dann gerade so ein perfekt konditionierter Superbulle auch diese verdammten Rinderwahn-Gene im sogenannten »Reinzuchtprogramm« verbreitet. So ein Pech und dummer Zufall. In der Folge hatten wir viel, viel mehr kranke Kühe in den Ställen stehen und das große Wehklagen setzte ein. Es musste also schnell ein Schuldiger gefunden und an den Pranger gestellt werden und da kamen doch die Engländer von der fernen skurrilen Insel gerade recht mit ihrer bekloppten Idee der Kadaververfütterungen. Das Konsumentenvolk wurde schnell beruhigt und weiter gings im landwirtschaftlichen Tollhaus.

Schon in meiner Kindheit ist es immer mal wieder vorgekommen, dass bei irgendeinem Bauern eine Kuh im Stall stand, die sich plötzlich sehr merkwürdig verhielt. Dann hat man so ein verrücktes Rindvieh eben schnell geschlachtet, das Fleisch sehr billig über die sogenannte Freibank verkauft oder gleich verteilt. Das war für Suppenfleisch und Schmorbraten sehr gut tauglich und das Problem war im wahrsten Sinne des Wortes schnell gegessen. Erst durch unsere naturferne und industriell betriebene Massenproduktion kann es dazu kommen, dass Krankheiten wie BSE so schnell epidemische Ausmaße annehmen. Ich kann wirklich verstehen, dass eine wachsende Zahl von Menschen keine Lust mehr auf Hühner und Fleisch hat, wenn man sich diesen Produktionshorror mal ganz bewusst vor Augen führt.

Vor ein paar Jahren war ich einmal in Argentinien und habe dort einen Rinderzüchter besucht. Der hieß mit Nachnamen Krozinger und seine Vorfahren kamen vom Kaiserstuhl. Jetzt jedenfalls betrieb er eine riesige Farm von mehr als 900 Hektar, allein die Einzäunung des Geländes kostete ihn ein kleines Vermögen. Pro Jahr hat er ungefähr einen Verlust von vier Prozent seiner Tiere, die entweder durch Raubkatzen wie den Puma gerissen werden oder weil sich die Rinder in den Bergen verlaufen und den Rückweg nicht mehr finden. Auf diese Kadaver stürzt sich dann der Condor mit großer Freude. Ein riesiger Flugkünstler, der aber am Boden allerdings ziemlich hässlich und ungeschickt daherkommt.

Anfangs dachte ich, super, endlich mal richtig gutes Fleisch, nachher holen wir uns eines von der Wiese zum Schlachten, und los geht's mit dem Fest am berühmten Grill der Argentinier. Dann erzählte mir Krozinger von seinen Problemen. »Auf dem Hof schlachten? Bist du verrückt, die machen mir den Laden zu.« Selbst in Argentinien sind die Behörden und die bescheuerten Vorschriften wichtiger als die natürlichsten Zustände. In ganz Argentinien, und das Land ist bekanntlich riesig groß, gibt es für zertifiziertes Exportfleisch nur ganz wenige und entsprechend gigantische Schlachthöfe. Die schlachtreifen Rinder müssen also oft über hunderte Kilometer bis zum nächsten Schlachthof transportiert werden. Das heißt, die tolle Weiden- und naturnahe Rinderhaltung ist völlig für den Arsch, weil durch den Transportstress nicht nur das arme Tier, sondern auch die Fleischqualität ruiniert wird. Auf meiner Rundreise durch Argentinien musste ich selbst mal lange hinter einem großen Tiertransporter mit Anhänger herfahren, auf dem auf drei Etagen Hunderte von Schafen eingepfercht waren. Die oberste Etage war als Cabrio mit Ausblick vorgesehen. In der prallen Sonne, mit hängenden Köpfen über die Bordwand des LKWs und in vollem, ungeschorenem Wollkleid, lechzten die armen Tiere mit heraushängenden Zungen nach Wasser und Kühlung. So etwas kann ich einfach nicht vergessen, auch nicht nach vielen Jahren.

Ein weiteres Problem von Krozinger, dem Mann mit der wunderbarsten Rinderfarm, die ich je in meinem Leben gesehen habe, ist, dass er heute kaum noch die Jungrinder für seine Weiden im Hochland zusammenbekommt. Denn in den argentinischen Ebenen, wo die Rinder auch über den Winter im Freien gehalten werden können, werden immer weniger Rinder gezüchtet und gehalten. Denn hier ist mittlerweile der Sojaanbau Trumpf. Raten Sie mal, warum? Unter anderem auch für die Schnellmast in deutschen Mastfabriken. Wir müssen ja jetzt unbedingt auch noch Exportweltmeister für Schweinefleisch werden, subventioniert und gefördert vom Staat, damit ganz wenige, aber immer größere Mastbetriebe noch größer werden und noch schneller produzieren können. Das ist alles extrem pervertiert. Die Intensivmast ausgewachsener Rinder soll ja möglichst auch immer schneller gehen. Schauen wir mal, wie lange es noch dauert, bis auch bei uns einige auf den Dreh kommen, sich eine Popcornfabrik direkt neben den zubetonierten Gehegen für die Endmast subventionieren zu lassen. Ja, zubetoniert, damit man die viele flüssige Scheiße besser aufsammeln kann, für die Biogasanlage direkt daneben. Den richtigen Landwirtschaftsminister wird die Kanzlerin dafür bestimmt finden.

Der eigentliche Teufelskreis der industrialisierten Landwirtschaft ist die immer weitergehende Spezialisierung. Ein Bauer, der sich für eine Eierfarm entscheidet – und ich sage hier ganz bewusst nicht Hühnerfarm –, der muss sich nun mal Hühner anschaffen, die genetisch so herausgezüchtet sind, dass sie ihre ganze Energie nicht ins Fleisch legen, sondern in die Eierproduktion. So ein Bauer hat dann vielleicht achtzehn vollklimatisierte Hallen, in die nur gefilterte Luft und kaum Licht von außen kommt (Infektionsgefahr) und in die auch kein Tierschützer Einblick erhält (schlecht fürs Image). Um seine »Legebatterien« mit Lebewesen nach sehr kurzer Dauerlegezeit – sorry, Lebenszeit müsste das ja heißen, selbstverständlich längst ohne natürliche Nachtruhe und Tageszeiten – neu zu bestücken, braucht der Eierproduzent immer wieder neue Küken. Auch dafür gibt es mittlerweile Spezialfirmen, die die männlichen und für die Eierproduktion nutzlosen Küken sofort aussortiert, schreddert und tötet. Sie sind halt nutzlos. Das summiert sich allein in Deutschland auf jährlich bis zu fünfzig Millionen Küken, die sofort nach dem Schlüpfen gekillt werden. Ansonsten führt der Weg direkt in die Verbrennungsöfen, früher nannte man das Krematorium, heute aber Tierverwertungsstelle. Das klingt einfach besser und viel verbraucher- und konsumentenfreundlicher. Und warum wird dieser Skandal sogar von deutschen Gerichten geduldet? Weil die hoch spezialisierte Eierfarm eben keine Hähnchen mehr großziehen kann. Und die Hähnchen, die aus diesen Eiern schlüpfen, sind ja auch so gezüchtet, dass sie für die Fleischproduktion einen viel zu geringen Ertrag erbringen würden. Aber Gott sei Dank haben wir ja dann immer gleich einen sehr sachkundigen Landwirtschaftsminister zur Stelle, dem auch das Tierwohl sehr am Herzen liegt. Namen muss man da wirklich keine mehr nennen. Wer es in diese Position geschafft hat, ist mindestens schon dreimal durch die chemische Reinigung gegangen und weiß, welche »Verantwortung« dieses Amt mit sich bringt. Unter wiederum großzügigem Einsatz von Steuergeldern ist man schon dabei, die Probleme praktischer zu lösen: Sicherlich gibt es sehr bald schon je nach Wunsch und Ansage nur noch männliche oder weibliche Küken. Bis es soweit ist, arbeitet man gerade daran, ein Verfahren zu entwickeln, mit dem man direkt im angebrüteten Ei erkennen kann, ob da ein Gockel oder ein armseliges Hühnchen vor sich hinschwimmt. Was gerade gebraucht wird, schwimmt weiter, die anderen gehen gleich ab ins Tierfutter, aber auch nur, wenn es sich rechnet. Die großen Lebensmittelgroßkonzerne sind dann auch endlich happy, ist doch dieses lästige schreckliche Thema Küken-Schreddern endlich vom Tisch – nur am System der Eierproduktion ändert sich deshalb noch lange nichts, warum auch. Praktischerweise kann man sie dann in den hermetisch verschlossenen Ställen auch gleich komplett vergasen und die Legebatterie neu bestücken – geht schnell und spart Personal. Masse statt Klasse zum billigsten Preis ist auch hier das Prinzip.

Wenn ich mal in der Bauernzeitung blättere, sehe ich immer wieder die Berichte und Fotos über den Club der 100 000-Liter-Kühe. Hoch spezialisiert, nennt man das. Ich sage: Man missbraucht die Kreatur, um zu optimieren, was man im Ergebnis will. Die großen Player im Milchmarkt sind die Molkereien. Sie arbeiten wie Milchraffinerien. Viele Milchbauern liefern ihre komplette Milch an eine Molkerei. So entstehen Abhängigkeiten. Denn die Molkerei diktiert den Preis. Sie sagt dem Bauern, wir bezahlen dir für deine Milch pro Liter 27 Cent und argumentiert damit, dass ja heutzutage auch schnell drehende Konsumgüter wie Milchprodukte in einem globalen Preiskampf stehen. Selbstverständlich weiß auch die Molkerei, dass der Bauer eigentlich vierzig Cent braucht, um kostendeckend zu arbeiten. Aber das ist sein Problem. Was bleibt also dem Bauern übrig? Er versucht, mehr zu vergleichsweise geringeren Kosten zu produzieren. Mit zuchtoptimierten Milchkühen und jeder Menge Kraftfutter. Der Bauer schuftet also für die Molkereien und die Kraftfutterkonzerne und das schwächste Glied in dieser Kette ist das Tier. So eine Hochleistungskuh muss täglich riesige Mengen von Blut in ihren Euter pumpen und wird dann bis auf den letzten Tropfen Milch ausgepresst. Ach ja, um auf diese Weise Milch zu produzieren, entstehen pro Liter Milch ungefähr drei Liter Gülle, die dann unser Wasser mit Nitrat belasten. Tatsächlich ein Teufelskreis, in den wir selber involviert sind. Wer beim Discounter Hähnchenschenkel für fünfzehn Cent pro hundert Gramm kauft oder ein Pfund Schweinenackensteak für weniger als zwei Euro, der weiß ja, was er tut und welches Produktionssystem er mit seinem Einkauf fördert. Er weiß natürlich deshalb noch lange nicht, was er da eigentlich isst und seinem Körper wirklich zumutet.

Das müssen wir uns klarmachen: Letztlich landet alles, was wir essen, in jeder einzelnen Zelle unseres Körpers. Und da muss man sich doch fragen, um es einmal etwas poetischer zu formulieren, welche Geschichte über seine Entstehung und Inhaltsstoffe kann ein Stück Fleisch unserem Körper erzählen, das aus der Mastfabrik kommt? Und welche Geschichte erzählt uns ein Stück Fleisch von einem Rind oder Schwein, das aus bestmöglicher, artgerechter Haltung stammt, im sozialen Herdenverband aufgewachsen ist und viel frische Luft, Sonne und Bewegung auf der Weide hatte? Ich denke schon, dass wir als Verbraucher ein noch viel kritischeres Bewusstsein für das Thema Ernährung entwickeln müssen, allerdings sehe ich hier in erster Linie politischen Handlungsbedarf. Mehr als neunzig Prozent der Deutschen wünschen sich gesunde Nahrungsmittel und nicht gesunde Gewinne für eine Handvoll Nahrungsmittelgroßkonzerne, die dem Verbraucher durch fehlende Transparenz und geschicktes Marketing die Illusion von guter Ernährung nur vorgaukeln. Ich schätze mal, dass wahrscheinlich mehr als die Hälfte des italienischen Parmaschinkens, der hier in Deutschland verkauft wird, aus deutschen Schlachthöfen stammt. Wo sollen denn auch die Schweine alle wachsen, die bei uns als original luftgetrockneter italienischer Parma verkauft werden? Also verkauft der Schlachthof in München oder im Ruhrpott jährlich Hunderttausende von Rohschinkenkeulen. Mit dem LKW ab über die Alpen und nach Italien, wo sie verarbeitet, getrocknet, hübsch verpackt und als Parma Originale dann wieder zurück nach Deutschland gekarrt werden. Und wo kamen die Schweine her, die uns jetzt als italienischer Schinken angepriesen werden? Natürlich aus einer deutschen Mastfabrik. Ich frage mich schon, ob die Steuergelder, die unser Landwirtschaftsminister in innovative Technik zur Frühbestimmung des Geschlechts von Hühnern investiert, nicht sinnvoller eingesetzt werden könnten, um in der Landwirtschaft mal wirklich umzusteuern, statt dieses kranke Produktionssystem weiter auszubauen. Vielleicht ist die nächste Stufe dann das cleane und keimfreie Fleisch aus dem Labor, für das wir auch gar keine Tiere mehr missbrauchen müssten, irgendwann dann doch die bessere Alternative. Guten Appetit allerseits.

Seit ich 1993 meine *Adler Wirtschaft* in Hattenheim eröffnet habe, steht für mich das Thema artgerechte Haltung und die Auswahl und Überwachung von Produzenten, Züchtern und Handel im Mittelpunkt. Neben dem Kochen und der Betreuung meiner

Gäste war und ist die Auswahl der Produkte, die wir verarbeiten, die Basis meiner Küche. Nicht zuletzt aus diesem Grunde habe ich dann irgendwann mit der Rinder- und Schweinezucht begonnen. Anfangs tatsächlich nur als eher kleine Nebentätigkeit, denn du kannst nicht gleichzeitig ein Restaurant führen und einen Bauernhof betreiben. Doch dann kam wunderbarerweise irgendwann mein Sohn, Franz Keller jun., ins Spiel.

Nach den ewigen Streitigkeiten mit meinem Vater hatte ich mir fest vorgenommen, es bei meinem eigenen Sohn anders zu machen. Ich weiß einfach, wie sich das anfühlt, wenn sich ein dominanter Vater zu sehr einmischt und über dein Leben bestimmen will. Deshalb habe ich ihm bei seiner Berufswahl nicht reingequatscht. Natürlich habe ich bei der einen oder anderen Gelegenheit mal erwähnt, dass die Kellers ja eigentlich schon immer eine hohe Affinität zur Gastronomie hatten, und versucht, ihm die Vorzüge des Kochberufs näherzubringen. Aber als Kind eines Kochs hatte er ja auch die Schattenseiten dieses wunderbaren Berufs kennengelernt, zum Beispiel, dass sein Vater aufgrund der hohen Arbeitsbelastung eigentlich nie Zeit für ihn hatte. Ich kann mir jedenfalls vorstellen, dass die Idee, in die Fußstapfen seines Vaters zu treten, damals für ihn nicht wirklich verlockend war. Er entschied sich dann ja auch zunächst einmal dafür, Konditor zu lernen. Zu meiner positiven Überraschung spielte er am Ende seiner dreijährigen Lehrzeit nun aber doch mit dem Gedanken, selbst Koch zu werden. Auch mein eigener Vater nahm kurz zuvor wieder mal Kontakt zu mir auf und fragte mich tatsächlich, ob ich nicht meine *Adler Wirtschaft* in Hattenheim aufgeben und zurück in den *Schwarzen Adler* kommen wolle. Ich weiß bis heute nicht genau, was meinen Vater auf diese Idee gebracht hatte. Wollte er nach mehr als zwanzig Jahren den verlorenen Sohn zurückholen, oder damit doch nur meinem Bruder Fritz eins überbraten? Der hatte längst das Ruder beim Weinbau und der Gastronomie in Oberbergen übernommen und hervorragend weiterentwickelt. Nach einem Gespräch mit meinem Bruder habe ich meinem Vater abgesagt, da es wahrscheinlich wieder Ärger gegeben hätte – außerdem hatte ich ja auch ganz andere Pläne.

Mein Vater aber ließ nicht locker und lud wenig später meinem Sohn ein, doch mal in Oberbergen vorbeizukommen. Als der Junior dann vom Besuch beim Großvater zurückkam, hatte er beschlossen, nun tatsächlich noch Koch zu lernen, und zwar im *Schwarzen Adler*. Sein Großvater lockte ihn mit dem Angebot einer verkürzten Lehrzeit, was in anderen Sterneküchen sicher schwierig gewesen wäre. Das war aber nicht der zentrale Grund, warum sich mein Sohn für diesen Weg entschieden hat. Wir haben uns darüber ausführlich unterhalten. Weil Oberbergen für mich lange Zeit ein rotes Tuch war, hatten auch meine Kinder kein sehr enges Verhältnis zu ihrem Großvater aufbauen können. Sie waren einfach viel zu selten da. Jetzt wollte Franz jun. seine Wurzeln kennenlernen, zumal er durch die vielen Umzüge, die ich meiner Familie zugemutet hatte, so etwas wie Heimat nie kannte. So bekam ich dann auch von ihm zu hören, »seit ich denken kann sind wir immer wieder hinter dir hergezogen und oft hast du deine Zelte schon wieder abgebrochen, bevor wir richtig angekommen sind«. Das war weder für das Familienleben noch für die Kinder gut. Er wollte jetzt unsere Ursprünge und auch den Opa mal aus eigener Erfahrung kennenlernen, vielleicht auch, um besser zu verstehen, was mich immer so umgetrieben hat. Ich war mir zunächst gar nicht sicher, ob das eine so tolle Idee war. Irgendwo in mir nagte sofort das altbekannte Misstrauen meinem Vater gegenüber. Aber ich konnte meinen Sohn auch verstehen und wollte ihm mit meinen eigenen schrägen Familienerinnerungen nicht im Weg stehen. Im Rückblick bin ich wirklich glücklich, dass Franz diese Entscheidung getroffen hat. Er konnte jetzt tatsächlich die Grundprinzipien meiner Küche kennenlernen, quasi die ersten deutschen Anfänge davon. Denn der oberste Küchenchef im *Schwarzen Adler*, Anibal Strubinger, mein erster Lehrling in Deutschland, den ich zu meiner Zeit in Oberbergen ausgebildet hatte, kochte die ganze Zeit seit meinem Abgang vor sehr vielen Jahren immer noch exakt die Küche, die ich ihm damals beigebracht hatte. Mein Vater bestand darauf: »Wir bleiben bei der Tradition und machen den neumodischen Mist, den alle anderen immer wieder aufs Neue probieren, nicht mit.« Und das war auch gut so. Auf den zweiten Stern, den sie dann irgendwann aus exakt diesem Grund verloren haben, konnten sie locker verzichten, auch wenn das allen Beteiligten persönlich natürlich wehtat. Aus diesem Grund werden wir, anders als in Frankreich, im von Neid und Missgunst triefenden Germanien niemals Köche und Lokale haben, die fünfzig Jahre lang drei Sterne tragen können.

Auf der anderen Seite und das war mindestens so spannend wie die Arbeit in der Küche, konnte mein Sohn jetzt auch seine ganz eigene Beziehung zu seinem Großvater entwickeln. Und der nahm sich tatsächlich viel Zeit für seinen Enkel, zeigte und lehrte ihn vieles, was er mir nicht beigebracht hatte, und wollte so wahrscheinlich für sich auch etwas gutmachen, was zwischen uns nicht funktioniert hatte. Nicht nur die wöchentlichen Ruhetage nutze mein Vater, um seinem geliebten Enkel, der ja glücklicherweise auch wieder Franz gerufen wurde, die kulinarische Welt und die großen Weine zu zeigen, schmecken und genießen zu lassen. Die beiden sind zeitweise von einem guten Restaurant zum nächsten gefahren. Für mich war es interessant zu hören, wie Franz seinen Großvater erlebte. Er lernte seine charmanten Seiten kennen, wenn er mit den Gästen sprach oder im Verkaufsgespräch seine Weine präsentierte. Er durfte aber auch erleben, wie anstrengend sein sturer und streitlustiger Opa sein

Im Oktober 2007 hatten wir Angela Merkel und Wladimir Putin bei uns in der *Adler Wirtschaft* zu Gast. Gerade zu einer Zeit also, in der die guten Beziehungen zu Russland ins Wanken gerieten. Merkel war die politische Großwetterlage deutlich anzumerken und als sich die Ankunft Putins dann auch noch verzögerte, wurde sie richtig mürrisch. Sinngemäß sagte sie mir, wenn er jetzt auch noch anfangen würde, Russisch mit ihr zu reden, dann sollten wir bitte sofort servieren, sodass sie hier bloß nicht länger als zwei Stunden sitzen. Putin, der ja sehr gut Deutsch spricht und das an diesem Abend dann auch tat, wirkte da schon deutlich entspannter und nach dem »kleinen Ensemble an Spezialitäten vom Bunten Bentheimer Freilandschwein« vom Falkenhof und dem Hauptgang mit geschmortem Charolais-Rind war die Stimmung am Tisch gerettet. Letztlich dauerte der Abend denn auch deutlich länger als zwei Stunden und Merkel ließ es sich trotz ihres strengen Diätplans nicht nehmen, die süßen Dessertvariationen mit Zwetschgenröster und Quarknockerln, Crêpes mit Frauensteiner Kirschen und Tarte Tatin mit Apfelbrand und Honigeis zu kosten.

konnte, wenn der sich über etwas ärgerte. Und er entdeckte natürlich auch Wesenszüge, in denen sich sein Vater und sein Großvater sehr ähnlich waren. »Weißt du«, hat er mal zu mir gesagt, »in einer Beziehung ist Opa genau wie du. Er kann es unglaublich genießen, wenn sein Gourmet-Theater in Oberbergen voll ist und die kulinarische Inszenierung reibungslos über die Bühne geht. Und eines muss man Opa lassen: Er ist ein ganz gradliniger Rechner und Betriebswirt. Der wollte nie in die absolute Luxusschiene und war mit dem einen Stern für den *Schwarzen Adler* sehr bald völlig zufrieden. Er wollte in der Sterne-Liga mitspielen, aber er wusste auch ganz genau, dass das Geld in Oberbergen schon immer mit dem Weingut und dem Weinhandel verdient worden ist, und nicht durch das Restaurant.« Mein Gefühl war tatsächlich, dass sich durch die Lehre von Franz jun. in Oberbergen für uns alle ein Kreis geschlossen hatte. Und diese neue Verbindung zu seinen Wurzeln hat meinem Sohn eine gute Erdung gegeben. Er hat ja danach auch noch eine Weile in der Drei-Sterne-Küche von Joachim Wissler gearbeitet und dort auch am eigenen Leib erfahren, dass sich in der Knochenmühle hinter den Kulissen dieser Betriebe seit meinen Zeiten bei Bocuse nicht sehr viel geändert hatte – nur Ton und Umgang mit der Küchenbrigade sind heute sicherlich etwas rücksichtsvoller. Nachdem er seine Prüfung zum Küchenmeister in Heidelberg abgelegt hatte, haben wir uns zusammengesetzt. Mein Plan war ja schon länger, den Falkenhof komplett zu übernehmen. Ich sagte ihm also, dass es jetzt an der Zeit für einen Generationswechsel in der *Adler Wirtschaft* sei. »Du übernimmst und du kannst machen, was du willst, solange du nicht in die Metro gehst und jeden Scheiß kaufst. Wenn du das willst, verkaufen wir den Laden lieber und du gehst als Küchenchef irgendwo anders hin, aber solange ich lebe, sollte doch bitte kein Nullachtfünfzehn-Laden daraus werden.« Ich hätte das eigentlich gar nicht so betonen müssen. Franz hatte selbst von Anfang an große Sympathien für unsere Idee des »vom Einfachen das Beste«, sonst hätte er sich sicher nicht für unsere *Adler Wirtschaft* entschieden. Das Tor zum Sterne-Himmel hätte ihm ja auch offen gestanden und ich hätte es ihm nicht verübeln können, wenn er gesagt hätte: »Weißt du, du machst das ja wirklich toll hier, aber da draußen gibt es noch eine ganze Menge neue und kreative Dinge zu entdecken.« Ich bin glücklich, dass er sich anders entschieden hat. Jetzt sind wir auf einem gemeinsamen Weg unterwegs.

Franz und Franz: Mein Sohn hat die *Adler Wirtschaft* als Küchenchef und Patron übernommen. Gemeinsam versuchen wir, die Verbindung von Falkenhof und *Adler Wirtschaft* zu einem nachhaltigen Verwertungskreislauf zu entwickeln, bei dem für uns nach wie vor eines im Mittelpunkt steht: eine ehrliche Küche und Hochgenuss für unsere Gäste.

Wer Fleisch isst,
sollte Tiere lieben

Es soll Veganer und Vegetarier geben, die begründen ihren Fleischverzicht mit ihrer Tierliebe. Und wenn man sich die Produktionsmethoden der industrialisierten Landwirtschaft genauer anschaut, kann man das verstehen. Trotzdem wäre es genauso dämlich, alle Fleischesser als Tierhasser zu verachten, wie zu behaupten, Veganer und Vegetarier seien in Wahrheit ja nur überzeugte Pflanzenhasser. Es ist doch eher das Gegenteil der Fall: Wenn ich mir mal so einen reinen Pflanzenesser in seinem Garten vorstelle, dann schätze ich mal, dass er oder sie sich sogar besonders intensiv und fürsorglich darum bemüht, das Gemüse und die Früchte in diesem Garten möglichst gesund zu vollem Wachstum zu entfalten und dann genau im richtigen Moment zu ernten, wenn sich der Geschmack und die Inhaltsstoffe voll entwickelt haben. Wohl niemand käme auf die absurde Idee, unseren veganen Kleingärtner jetzt zu fragen: »Sag, hast du eigentlich kein schlechtes Gewissen, wenn du jetzt diese leckeren Tomaten erntest und mit Genuss verspeist?« Genauso verstehe ich meine Arbeit auf dem Falkenhof und ich bin der festen Überzeugung, dass wir die Tiere, von deren Fleisch, Energie und Proteinen wir leben, wirklich lieben sollten. Seit Jahrtausenden begleiten unsere Nutztiere die rasante Entwicklung der Gattung Mensch. Und vielleicht würden wir ja heute tatsächlich noch immer als Jäger und Sammler durch die Wälder rennen, wenn wir nicht irgendwann auf die Idee gekommen wären, Pferde und Rinder, Schweine, Ziegen und Schafe als Arbeitstiere und Fleischlieferanten zu domestizieren. Auf dieser Partnerschaft zwischen Mensch und Nutztier basiert im irdischen Evolutionskampf zu einem großen Teil der Erfolg der Menschheit. Erst in den letzten fünfzig Jahren hat sich mit der extremen Industrialisierung der Landwirtschaft diese Partnerschaft ganz grundsätzlich und sehr zum Nachteil der Nutztiere verändert. Grob geschätzt gibt es auf der Welt rund 1,5 Milliarden Kühe und Rinder und zwanzig Milliarden Hühner, von denen jährlich alleine in Europa fast zwei Milliarden für das Fleisch und die Eier produziert werden, die wir tagtäglich verspeisen. Der allergrößte Teil dieser Tiere lebt eingebunden in den industriellen und in weiten Teilen automatisierten Prozessen von Mastfabriken. Rund 68 Millionen Tonnen Kraftfutter werden in Deutschlands Mastfabriken pro Jahr an diese armen Kreaturen verfüttert. Darunter jede Menge genetisch verändertes Soja, für das in Südamerika immer noch Regenwälder abgeholzt werden, um neue Anbauflächen zu gewinnen. Hier bei uns verschwanden zunächst die Hühner in die Massenfabrikation, dann folgten die Schweine und heute sieht man auch kaum noch Kühe auf der Weide stehen. Das ginge ja auch gar nicht mehr. Wir hätten schlicht die Weideflächen nicht, wenn wir die eingesperrten Tiere morgen alle auf eine Freilandweide stellen wollten. In den Mastfabriken hat man dieses Problem nicht. Da werden die Rinder enthornt und die Schweine verlieren ihre Ringelschwänze, damit man sie enger stellen und stapeln kann. Wenn man sich dieses Bild vor Augen führt, dann sieht man das zentrale Problem unseres pervertierten Produktionssystems für Fleisch.

Ich erlebe das ganz oft bei meinen Gästen auf dem Falkenhof, wenn sie von unserem Fleisch und unsere Wurst gekostet haben. »Herr Keller«, höre ich dann immer wieder, »ich habe noch nie so ein wunderbares Fleisch gegessen, das müssen Sie doch unbedingt vermarkten.« Da ist es wieder, dieses neoliberale Wirtschaftscredo »da müssen Sie aber unbedingt mehr draus machen«. Mehr was? Mehr Profit? Mehr Masse? Ich habe aber schlicht und einfach nicht genug Platz dafür.

Vor langer Zeit habe ich mich für die Qualität entschieden und für den guten Geschmack. Deshalb versuche ich meinen Gästen zu erklären, warum für mich weniger mehr ist. »Schauen Sie, mein kleiner Falkenhof hat ungefähr vierzehn Hektar Fläche und deshalb ist die Anzahl der Rinder, die ich züchten kann, begrenzt. Meine Qualität hat eine natürliche Grenze. Wollte ich mehr produzieren, müsste ich die Produktionsmethoden verändern, eben wieder Kraftfutter zufüttern, aber dann kann ich Ihnen diesen Genuss nicht mehr bieten.« Meine Rinder stehen auf der Weide und bekommen zusätzlich noch eine Mischung aus Gerste und Melasse, ein gut verwertbares Nebenprodukt bei der Herstellung von Zucker aus Zuckerrüben. Das kann man wirklich noch nicht als Kraftfutter bezeichnen, eher als kleines Leckerli, das meine Rinder sehr gerne zusätzlich fressen. Nur im dicksten Winter nutzen wir den Freilaufstall, ganz einfach, um die Wiesen wenigstens in den Wintermonaten zu schonen. Jeden Tag einmal können sie auch auf einem abgegrenzten Hofbereich herumtollen und sind ständig in Bewegung.

»Nein«, gebe ich deshalb meinen Gästen zu verstehen, »ich will gar nicht größer werden. Wer mein Fleisch probieren und genießen will, muss entweder hier auf den Falkenhof kommen oder in unsere *Adler Wirtschaft*.« Eine sehr kleine Wurstproduktion ist gerade in der Entstehungsphase, selbstverständlich mit einer Verarbeitung ohne Zusatzstoffe. Wenn, dann könnte sich allenfalls hier in begrenztem Rahmen eine Vertriebsmöglichkeit ergeben.

Würden wir in der Fleischproduktion generell wieder zu diesem Prinzip der Flächenbindung zurückfinden und ein Betrieb dürfte nur noch so viele Tiere halten, wie auch er Flächen für deren Futter zur Verfügung hat, könnten wir vielleicht einen großen Schritt in die richtige Richtung machen. Ja, das Fleisch müsste sicherlich teurer werden, schon weil wir weniger davon produzieren würden. Dieses Weniger aber würde ausgeglichen durch ein Mehr an Qualität. Würde, hätte, könnte – statt im Konjunktiv darüber nachzudenken oder auch zu diskutieren, wollte ich es dann einfach konkret wissen. Wir leben hier in unserer Welt ein Leben, dass wir auf dem Rücken von gequälten Tieren oder von Menschen in anderen Regionen dieser Erde auskosten, denen wir ihre Existenzgrundlagen rauben, weil wir unser Billigfleisch dorthin exportieren oder für riesige Monokulturen sorgen, damit in unseren Mastfabriken das Kraftfutter nicht ausgeht. Aus diesem kranken System habe ich mich verabschiedet.

Wie schon mit dem Vorbesitzer des Falkenhofs vereinbart, habe ich erst einmal mit zehn Charolais-Rindern angefangen. Die Charolais sind Rinder, die sehr schwer werden und ganz viel Fleisch ansetzen. Es gibt noch schwerere Rinder, das sind die Blonde d'Aquitaine. Ich war mal in Belgien unterwegs und kam an einer Weide vorbei. Da standen zwanzig dieser Riesenrinder, auf einer Wiese, die aussah wie ein englischer Rasen, und ich habe mich gefragt, wie diese Kühe auf diesem gepflegten Grün so fett werden können. Meine Liebste, die mich damals begleitet hat, ist schon fast wahnsinnig geworden, weil ich gesagt habe, wir warten jetzt hier, bis der Bauer kommt. Es war schon gegen Abend, fast acht Uhr, bis der dann mit einem Monster-Traktor und einem großen Anhänger mitten auf die Wiese gefahren kam und seinen Hänger mit Kraftfutter über Fressmulden in kürzester Zeit leer fressen ließ. Die Kühe standen also nur auf der Wiese, um zu saufen und zu scheißen, aber zwei Mal am Tag gab es Kraftfutter. Viel Fleisch, viel Fett – das ist die Formel bei Rindern. Fleisch und Fett bringen Kohle, Knochen nicht. Und je fetter und schwerer das Tier wird, umso geringer ist der Knochenanteil. Beim Rind ist heute auch das Fett gewollt, beim Schwein ist es genau andersherum. Da wird kein Geld fürs Fett bezahlt, der Bauer bekommt ein paar Cent mehr, wenn die Sau mager und leicht ist. Ich halte das für echten Schwachsinn. Beim Fleisch ist nun mal das Fett der Geschmacksträger.

Die Charolais sind also eine Rasse, die viel Fleisch ansetzt, würde man viel, sehr viel füttern. Irgendwann mal, bei einem Ausflug mit dem Motorrad, kam ich hier in Strüth an einer Weide vorbei, wo ein Bauer stand und seine Rinder betrachtete. Ich hielt an, stiefelte zu ihm auf die Weide und fragte ihn: »Sagen Sie, warum haben sie hier Limousin-Rinder stehen?« »Woher wissen Sie denn überhaupt, dass das hier Limousins sind?«, fragte er zurück. So lernte ich Gerd Beilstein kennen, der das ist, was ich als einen echten Rinderflüsterer bezeichnen würde. Er kennt sich wirklich sehr, sehr gut aus. Er und sein Vater hatten einen Bauernhof und so bis in die achtziger Jahre hatten sie sich auf die Milchwirtschaft spezialisiert. Schon früh hat der Gerd damals erkannt, dass er hier nur verlieren konnte.

»Ich muss mir ständig neue Kühe anschaffen, die immer noch mehr Leistung bringen und noch mehr Milch liefern, ich muss spezielles Mast- und Kraftfutter dazukaufen, damit die Milcherträge weiter gesteigert werden können, und ich muss mir Melkmaschinen anschaffen.« Irgendwann hatte er keine Lust mehr und ist auf die Fleischproduktion umgestiegen. Obwohl er kein Wort Französisch spricht, ist er dann mit einem Anhänger nach Frankreich gefahren und hat seine ersten Limousin-Rinder gekauft. Er wurde natürlich erst einmal kräftig übers Ohr gehauen und hat für die Rinder einen viel zu hohen Preis bezahlt und im Dorf dachten alle, der spinnt doch total. Aber zehn Jahre später hat er für seine Rinder Landwirtschaftspreise abgeräumt. Seine Frau hat im Spaß immer geschimpft: »Der Gerd ist ein fauler Sack, der steht den ganzen Tag nur auf der Weide bei seinen Rindern rum.« Wir haben immer wieder über unsere Tiere diskutiert. »Ich habe mich für Charolais entschieden, weil die gemütlich sind, fressen und schön dick und rund werden. Die Limousins sind mir zu klein und außerdem sind die hypernervös und gehen durch«, begründete ich meine Vorliebe für die Charolais. Er hat mich dann aber trotzdem überzeugt, zunächst mal zwei seiner Limousins zu kaufen. Später dann, als er seinen Hof aus gesundheitlichen Gründen aufgab und komplett an die Domäne Mechtildshausen verpachtet hat, habe ich ihm auch über Umwege die besten Rinder abgekauft. Gerd kommt aber immer noch zu mir, wenn ich einen Rat brauche oder ein Problem habe. So hatte ich also auf meinem Falkenhof immer mehr Limousin-Rinder und immer weniger Charolais. Gerd weiß alles über Rinder und er hat einen guten Blick für die Tiere. Er sagte zum Beispiel mal zu mir: »Dieses Kalb kannst du zum Züchten nehmen, das ist gut.« Ich lerne bis heute von ihm und werde immer besser, so hoffe ich jedenfalls. Als ich mal wieder bei meinen Rindern an der Weide stand, kam mir eine Idee. Ich rief bei ihm an und sagte, »Ich komme mal mit meiner Charolais-Kuh Blanca bei dir vorbei.« Als ich bei ihm war, fragte ich ihn, ob ich Blanca nicht mal von seinem Limousin-Bullen decken lassen könnte. Er schüttelte zunächst den Kopf und fragte mich, was das denn für eine verrückte Idee sei.

»Du hast immer zu mir gesagt, dass die Blanca eine super Kuh ist, mit der ich züchten muss. Mein Problem ist, das ich meine Charolais nicht als Charolais bezeichnen soll und die Limousin-Rinder kommen mir immer noch etwas zu klein und deutlich nervöser vor, also dachte ich, dass eine Kreuzung der beiden eine gute Idee sein könnte.« Er war dann irgendwann auch mehr oder weniger damit einverstanden. Sicherheitshalber rief er mich aber eines schönen Tages an und meinte: »Franz, jetzt

Mein erster und liebster Chefbulle Olympus ist inzwischen neun Jahre alt. Im Alter muss man bei den Kerlen aufpassen. Da werden sie manchmal aggressiv, vielleicht aus Frust, weil sie ihre Kühe nicht mehr decken können. Davon ist Olympus allerdings noch weit entfernt und immer noch der Chef der Herde. Die Rinder, die ich groß ziehe, werden drei Jahre alt. Erst dann sind sie richtig ausgewachsen und haben genügend Fett angesetzt.

ist ein guter Zeitpunkt, dir einen Limousin-Bullen zuzulegen. Ich habe da gerade ein interessantes Angebot.« Der Bulle, den er im Auge hatte, sollte 4 000 Euro kosten, was ein ziemlich guter Preis war. So ein guter Zuchtbulle wird gerne auch mal für 10 bis 20 000 Euro gehandelt. So kam Olympus auf meinen Hof. Das erste gekreuzte Kalb, das noch von einem anderen Limousin-Bullen auf Gerds Hof gezeugt wurde, war eine schwere Geburt. Meine Blanca war bereits dreieinhalb Jahre alt und wenn sie zu alt und fett werden, kriegen die manchmal das Kalb nicht mehr raus, das zudem noch quer lag. Blöderweise war ich zu der Zeit gerade nicht Zuhause, also kam Gerd, um meiner Tochter zu helfen. Als das Kalb endlich draußen war, dachten zunächst alle, das Tier sei tot, bis Gerd entdeckte, dass die Nabelschnur noch dran war. Er durchtrennte also die Nabelschnur und meine Tochter schüttete dem Kalb einen Eimer kaltes Wasser über den Kopf. Da zuckte der kleine Kerl mal kurz und war da. Er stand sehr bald danach zur Freude aller Anwesenden auf den vier kleinen Füßchen. Das ist heute unser Billy, mit dem Familiennamen »Sperminator«. Billy ist mein zweiter Bulle und eine Kreuzung aus Charolais und Limousin, ein tolles Tier. Olympus ist jetzt neun Jahre alt und irgendwann kann der Gute halt leider nicht mehr. Wir werden sehen, wie es kommt, im Alter können die Kerle schon mal blöd im Kopf und auch aggressiv werden, ähnlich wie bei unserer Gattung Mensch auch. Vielleicht aus Frust, dass sie ihre Kühe nicht mehr besteigen können. Im Moment ist er davon allerdings noch weit entfernt. Bei ihm müssen wir eher ständig aufpassen, dass er nicht seine jungen Töchter bespringt. Aber das kann man beobachten oder man trennt die Tiere vorsichtshalber gleich. So hab' ich nun, völlig meschugge, auf dem kleinen Falkenhof gleich zwei sehr gute starke Bullen. Es gibt viele weitaus größere Höfe mit Hunderten von Kühen, ganz ohne Bullen. Der Tierarzt mit dem Spermakatalog und seinem überlangen

Gummihandschuh, der ihm bis zur Brust reicht, macht das offensichtlich billiger, schön ist das aber nicht und natürlich schon gar nicht. Hat eine Kuh gekalbt, dann ist sie bereits vier Wochen später wieder bereit, gedeckt zu werden. Zehn Monate nach der Geburt kommt schon das nächste Kalb. Wir haben jetzt jedenfalls schon die ersten Kreuzungstiere geschlachtet und es funktioniert wunderbar. Ein tolles Fleisch vom echten Falkenhofrind. Letztlich genau so, wie ich es mir vorgestellt habe – wohl auch das Glück des Anfängers.

Zu unserem Prinzip gehört – und auch das hat sehr viel mit dem Respekt vor den Tieren zu tun –, dass wir unsere Tiere möglichst komplett verwerten. Rücken und Steak machen ja bei einem Rind gerade mal zwanzig Prozent der Fleischmasse aus. Wir haben also noch achtzig Prozent für Schmorfleisch, Rouladen, kleine Burger, grobe Rindsbratwürste bis hin zum leckeren Rindfleischsalat.

Ich verkaufe auch die Felle. Ich habe eine Gerberei, die mir die Felle noch wie früher gerbt. Ich würde daraus gerne mal so eine ausrollbare Tasche für Messer machen. Eine lustige Vorstellung, wenn die Köche ihre Küche mit einer zusammengerollten Kuh unterm Arm betreten würden. Ja, das Gewerbeamt würde natürlich jaulen, von wegen Fell in der Küche. Aber es wäre sicherlich auch ein schickes Tool für die vollbärtigen und tätowierten Hipster-Grill-Köche.

Meine Rinder haben auf dem Falkenhof ein ganz normales Leben. Wir haben Rinder, mit denen wir züchten, die kriegen Kälber und geben Milch, die aber ausschließlich für ihre Kälber ist. Sie werden also nicht gemolken. Dann haben wir auch Färsen, also Kühe, die geschlechtsreif sind, aber nicht zum Bullen dürfen. Die Färsen werden als junge Rinder geschlachtet. Aber nicht mit achtzehn bis 22 Monaten, wie es in den Mastfabriken üblich ist, sondern erst nach drei Jahren. Erst in diesem Alter sind sie ausgewachsen und haben auch ohne zusätzliche Schnell- und Intensivmast auf natürliche Weise ihr Schlachtgewicht erreicht. In diesem Alter ist das Fleisch auch viel besser als bei einem Jungtier. Die Kälber werden bei uns, wenn sie überhaupt geschlachtet werden, schon wegen des Muttermilchflusses mindestens vier Monate alt. Meine Kälber haben dann ein Gewicht von knapp 200 Kilo. In der Zeit meines Vaters haben wir Kälber mit siebzig bis maximal achtzig Kilo geschlachtet, das waren reine Milchkälber, die hat man höchstens acht Wochen alt werden lassen. Ich will ja eigentlich gar keine Kälber schlachten, aber wir haben jetzt so viele Mutterkühe und von den neunzehn Kälbchen des Jahrgangs 2017 waren nur zwei weiblich. Der Rest sind Bullenkälber. So viele Bullen könnte ich niemals auf dem Falkenhof halten und großziehen. Spätestens wenn sie dann ein Jahr alt sind, ist der Teufel los. Wenn ich die alle in der Mutterherde lasse, dann ist Krieg, denn Olympus, der Zuchtbulle, kann so viel gar nicht aufpassen, wenn die anderen jungen Bullen alle auch mal dran wollen. Also müsste ich eine reine Bullenherde aufmachen. Ich hätte dann zwei Mutterkuhherden, eine Färsenherde und eine reine Bullenherde. Die Lösung des Problems kann man als feine Kalbswurst schon genießen und zu sich nehmen. Auch als einfache Currywurst schmeckt die super. Zum ersten Mal seit elf Jahren gibt es jetzt halt auch Kalbswurst. Eigentlich ist mir das Fleisch viel zu wertvoll. Wenn ich ein erwachsenes Tier schlachte, habe ich mindestens 400 bis 450 Kilo, wenn ich ein Kalb schlachte, habe ich um die 200 Kilo – und hätte damit die natürlichen Grenzen des Falkenhofs überschritten. Übrigens: Der Unterschied zwischen Bullen- und Kuhfleisch ist nicht so wesentlich, wie oft behauptet wird. Man sagt, die Kühe hätten eine etwas feinere Fleischfaser. Bullen nehmen eben leichter und schneller zu, weil sie viel ungestümer sind.

Das Fleisch verarbeiten wir zu einem hohen Prozentsatz zu Würsten, bei den Rindern weniger als bei den Bunten Bentheimer Freilandschweinen. Bei Rindern hat man mehr Stücke, die man kochen, schmoren oder braten kann. Scharf sind natürlich alle aufs Filet und den Rücken und vielleicht noch auf den Hals. Die Wurst vermarkte ich an meine Gäste und vielleicht auch an ein paar Kollegen. Hinter der Idee »Vom Einfachen das Beste« steckt also auch das Prinzip: von der Weide auf den Teller. Für das Fleisch vom Falkenhof haben wir einen internen Verrechnungspreis. Die Verhandlungen darüber laufen ungefähr so ab. Ich will immer so viel wie möglich für mein Fleisch haben, aber mein Sohn sagt, »das ist viel zu teuer, mit diesem Preis komme ich mit meiner Kalkulation für die *Adler Wirtschaft* nicht hin«. Wir rechnen dann so lange, bis wir am Ende einen Tarif haben, mit dem ich klarkomme und er auch.

Ich habe dieses Thema nicht nur mit Franz häufig diskutiert. »Warum lässt du deine Rinder denn drei Jahre alt werden? Das kostet doch viel zu viel!« »Okay«, halte ich dann dagegen, »dann kostet es eben doppelt so viel, aber die Rinder die ich großziehe, werden drei Jahre alt. Erst dann sind sie richtig ausgewachsen und haben genügend Fett angesetzt.« Der Unterschied zwischen meinen Rindern und denen aus der Massentierhaltung ist der Entwicklungs- und Reifeprozess. Meine Rinder haben Zeit, erwachsen zu werden, und sie können sich die meiste Zeit im Jahr ziemlich frei bewegen. Heute reden ja alle immer davon, dass gutes Rindfleisch schön marmoriert sein muss. Ich kann da nur mit dem Kopf schütteln, denn das bedeutet, dass man die Rinder festbinden muss, sodass sie wenig Auslauf haben und sie dann bis oben hin mit Kraftfutter vollstopft. Rindfleisch soll fett und Schweinefleisch mager sein? Ich behaupte, genau das Gegenteil ist richtig!

Nur in den Wintermonaten kommen sie in den Stall. Sie könnten theoretisch auch im Winter draußen stehen, aber das ist eben auch die Zeit, in der sich die Weiden und Böden erholen müssen und auch eine Ruhepause brauchen.

Wenn wir einen Verrechnungspreis für das Fleisch vom Falkenhof verhandeln und bei diesem Spiel würde einer von uns nur auf den maximalen Profit spekulieren, würde unser Verwertungskreislauf nicht funktionieren. Das ist doch genau das Problem der industrialisierten Landwirtschaft, die auf Gewinnmaximierung fokussiert ist und deshalb die Qualität an die Wand fährt. Uns dagegen ist wichtig, dass wir erst einmal ein wirklich überzeugendes Produkt haben, das wir den Leuten schmackhaft machen können. So haben wir uns inzwischen ein echtes Alleinstellungsmerkmal erarbeitet. Dieses Fleisch gibt es nur bei uns und es gibt wenige Restaurants wie die *Adler Wirtschaft*, die sagen können, wir haben hier unser eigenes Fleisch. Von der Weide auf den Teller – diesen Weg kann bei uns jeder Gast nachvollziehen, der sich dafür interessiert.

Meine Arbeit auf dem Falkenhof hat viel mit Planung, Vordenken und Organisation zu tun. Die Arbeitsprozesse hier stehen natürlich in einer gewissen Abhängigkeit zu den Jahreszeiten und meinen Mitarbeitern. Mein polnischer Mitarbeiter zum Beispiel ist hier schon länger auf dem Hof als ich. Der hat schon für den Vorbesitzer gearbeitet und ist jetzt seit 28 Jahren auf dem Falkenhof. Noch unter dem Vorbesitzer ist er einmal aufgeflogen, weil er hier ohne Aufenthaltsgenehmigung gearbeitet hat. Sie haben ihm dann in den Pass einen Stempel reingemacht und ihm für drei Jahre ein Einreiseverbot erteilt. Vier Wochen später war er wieder da. Er hatte sich in Polen einen neuen Pass geholt und die Sache war erledigt. Da wir kein Heu machen, habe ich normalerweise hier nur ihn. Alle zwei, drei Monate haben wir noch den Hendrik hier. Ein super Techniker und Alleskönner. Der repariert die Traktoren, ist Fahrer, kann Zäune bauen oder eine neue Sattelkammer für die Pferde. Wir sind ein gutes Team, aber klar, meine Hauptaufgabe ist es, den Laden am Laufen zu halten und die Finanzierung zu sichern. Der Falkenhof könnte sich über die Fleischproduktion alleine nicht tragen. Die Gäste, die wir hier bewirten, spielen in Sachen Ökonomie eine wichtige Rolle.

Gerade lese ich, dass sie jetzt in Großbritannien ein »Einsamkeitsministerium« eröffnen wollen. So weit sind wir in unserer modernen Gesellschaft schon gekommen. Erschütternd! Manchmal stehe ich hier auf meinem Hof und frage mich, warum finde ich hier außer meinen Polen niemandem, der auf einem netten kleinen Bauernhof arbeiten will? Sicher, der Falkenhof liegt, wie man so schön sagt, am Arsch der Welt. Andererseits ist das Wispertal ein wunderschönes Stück Natur. Und wenn einen die Sehnsucht nach der Stadt überkommt, ist man ja in einer halben Stunde in Wiesbaden oder Mainz und in knapp einer Stunde in Frankfurt. Wir sind also hier auch nicht auf einer Alm, wo dir ein halbes Jahr kein Mensch über den Weg läuft. Warum also leben die Leute heute lieber einsam in der Stadt als in der schönen Natur und warum sind inzwischen über vierzig Prozent der Privatwohnungen Single-Haushalte? Ich sehe im mangelnden Interesse an der Landarbeit einen weiteren Indikator für die zunehmende Entfremdung des Menschen von der Natur. Und diese Entfremdung zeigt sich auch an unserem Essverhalten und der Produktion unserer Nahrungsmittel. Wenn wir keine Nutztiere mehr auf der Weide sehen, vergessen wir wahrscheinlich irgendwann, dass es sie gibt.

Ich mache hier einmal im Jahr einen Kochkurs für die Schulkinder. Bei dieser Gelegenheit kann man erleben, wie weit die Kinder schon entfernt sind von der Natur des Essens. Es ist schon vorgekommen, dass mich vor Kursbeginn eine Mutter anrief, um mich vorzuwarnen: »Herr Keller, nicht dass Sie erschrecken, aber meine Tochter isst nur Nutella-Brote.« Ich habe dann mit den Kindern Fischstäbchen gemacht, natürlich aus echten Fischen.

Schon das ist für die Kinder ein Erlebnis. Sie sehen den ganzen Fisch und wie wir ihn verarbeiten. Natürlich fragte dann irgendwann ein Kind, warum unsere Fischstäbchen nicht so schön gerade und eckig sind wie die, die es zu Hause immer gibt. Also habe ich den Kids erklärt, wie die Fischstäbchen aus dem Supermarkt gemacht werden. Dass dafür eben alle möglichen Fischteile zermatscht, geformt und tiefgefroren werden. Als ich sie dann gefragt habe, welche Fischstäbchen besser schmecken, gingen die Meinungen schwer auseinander, auch Industriefutter prägt, ganz klar. Aber das ist nicht entscheidend. Mir ist bei der Begegnung mit den Kindern wichtig, dass sie beim Kochen auf dem Falkenhof den direkten Bezug zum Tier begreifen. Deshalb mache ich mit ihnen nach dem Kochen auch immer eine Tour über den Hof. Ich zeige ihnen die Schweine und erkläre ihnen, wie sie leben und dass wir daraus Wurst machen. Dann lege ich ihnen ein paar dünne Scheibchen vom Presskopf aufs Brot und lasse sie probieren – von wegen nur Nutella. Die Kinder müssen angefüttert werden, wie die Alten auch. Richtiges Essen und echter Geschmack müssen bewusst entwickelt werden, das ist eine Frage der Erziehung und der Bildung. Das Verhältnis zum Essen ist in Deutschland merkwürdig unterentwickelt oder verzerrt. Da gibt es die einen, die von einem tollen Laden in den nächsten ziehen und auf der anderen Seite gibt es Millionen, bei denen heißt es nur »Essen fassen«. Da geht es nicht um Geschmack, sondern ums Vollstopfen. Gammelfleisch und Junkfood. Alleine die marktführende Fast-Food-Kette Mac Doof macht in Deutschland fast dreieinhalb Milliarden Euro Umsatz im Jahr und verursacht damit irgendwann dann auch riesige Kosten im Gesundheitswesen. Ist das wirklich eine so gute Idee?

Eigentlich müsste doch auf jeder abgepackten Hühnerbrust oder dem Steak aus der Mastfabrik ein großer Warnhinweis kleben: »Achtung, dieses Fleisch kann bis zu 150 Milligramm Antibiotika pro 100 Gramm enthalten und außerdem auch multiresistente Keime.« Ich könnte mir vorstellen, dass dann die ein oder andere Hand beim Griff ins Kühlregal zurückzucken würde. Aktuell hat man festgestellt, dass diese multiresistenten Killerkeime verstärkt in fließenden Gewässern und Badeseen auftauchen, weil sie von den Kläranlagen nicht aus dem Abwasser gefiltert werden können. Jetzt wird darüber nachgedacht, wie wir unsere Kläranlagen weiter aufrüsten können, nur bei den eigentlichen Ursachen für dieses Problem wird nichts verändert. Bescheuerter aber kann es doch bald wirklich nicht mehr werden, oder? Da wünschen wir doch schon mal viel Badespaß im nächsten Sommer am Baggersee.

Zurück zu meinem Hof. Meine polnischen Freunde arbeiten hier sechs bis acht Wochen am Stück, dann fahren sie nach Hause. In Polen betreiben die ihren eigenen Höfe und Schafherden. Aber dort arbeiten in der Zwischenzeit dann wahrscheinlich Ukrainer für zwei Euro am Tag. Wenn wir bei der Arbeit mal Krach kriegen, rufe ich den Jungs deshalb gerne zu: »Passt auf, wenn ihr hier Mist baut, hole ich mir eure Ukrainer her.« Nur Spaß natürlich. Meine Jungs verdienen hier gut, haben eine eigene Wohnung und wir gehen freundlich miteinander um.

Das kleine Beispiel zeigt aber, wie der Hase im globalisierten System heute läuft. Das ist in meinen Augen nichts anderes als modernes Sklaventum. Mich stimmt das manchmal wirklich nachdenklich bis wütend, weil ich das Gefühl habe, dass wir uns hier in Deutschland einfach viel zu viel in die Tasche lügen. Wo man auch hinschaut, alles ein großer Schwindel. Was uns alleine die Autoindustrie in den letzten Jahren vorgegaukelt hat. Das ist nichts anderes als kollektiver Betrug und die Politik schaut einfach zu und versucht, die Skandale klein zu reden oder sogar zu vertuschen. Die deutschen Perfektionisten kriegen heute noch nicht mal mehr einen Flughafen gebacken. Im Badischen wollten sie unter den Bahngleisen einen Tunnel graben und der bricht zusammen. In Köln wird eine U-Bahn gebaut und das Stadtarchiv stürzt ein. Und was kann man daran ablesen? Eigentlich doch nur, dass unser System nicht mehr funktioniert. In unseren Büros haben wir sicher immer noch die besten Ingenieure oder Architekten, um einen Airport oder einen Tunnel zu konstruieren. Aber wenn so ein Projekt dann ausgeschrieben wird, geht das Geschacher los. Dann werden die Aufträge vom Sub- zum Sub-Sub-Unternehmen weitergereicht und die letzte arme Sau, die dieses Projekt dann ausführen muss, ist in den Hintern gekniffen und sagt sich dann vielleicht, weil der Kostendruck so hoch ist, ach weißt du, bei den Stahlträgern für den Tunnel reichen doch auch neun Zentimeter statt der vorgegebenen zwölf. Nur so kann er seinen Preis halten – und das Ergebnis ist Murks.

Die echten Probleme werden hier bei uns sehr gerne verschoben oder ausgeblendet. Das konnten wir in Deutschland ja gerade wieder bei den monatelangen Verhandlungen zur Bildung einer neuen Regierung beobachten. Die Auswirkungen des Klimawandels bekommen wir ja inzwischen alle zu spüren, aber die lange vereinbarten Klimaziele – ach ja, die verschieben wir noch mal zehn Jahre nach hinten. Bezahlbarer Wohnraum – sorry, haben wir verschlafen. Die Banken mussten wir schon 2008 mit Steuergeldern und einer hohen Staatsverschuldung retten und seither werden alle Sparer mit Nullzinsen weiter abgezockt. Das ist dann »alternativlos«, wie uns gerne eingeredet wird. Wir sehen eine große Altersarmut für viele Menschen in diesem Land auf uns zurollen, aber eine innovative Idee, wie wir unsere Renten- und Sozialsysteme ändern können, damit die wachsende Zahl alter Menschen in Würde leben kann – nein lass mal stecken, viel zu kompliziert, da müssten wir ja ganz grundsätzlich ein paar Dinge ändern. Hallo da draußen! Wundert sich noch jemand, warum in Amerika aus lauter Verzweiflung ein Typ wie Donald

Trump zum Präsidenten gewählt wird und bei uns zum ersten Mal seit dem Weltkrieg wieder Rassisten und Rechtspopulisten im Bundestag sitzen? Eine einst stolze Partei wie die SPD dümpelt derzeit bei gerade noch sechzehn Prozent rum und versteht die Welt nicht mehr. Dabei liegt die Sache doch klar auf der Hand: Wenn 45 Deutsche über ein genauso großes Vermögen verfügen, wie die Hälfte der Gesamtbevölkerung, dann kann das weder sozial gerecht noch christlich sein und bedroht den gesellschaftlichen Zusammenhalt.

Ich hätte noch ein schönes Beispiel zum Thema Krankenkassen, für die wir ja auch immer höhere Beiträge für immer weniger Leistung bezahlen. Ich wurde vor einiger Zeit mal von einem Professor für Gerontologie angesprochen, der häufiger Gast bei mir war. Er bat mich für eine Ärztetagung doch mal einen Vortrag zum Thema Ernährung zu halten und wollte das schlechte Image seiner Krankenhausküche etwas aufpolieren. Er hat mir ein ordentliches Honorar angeboten, also bin ich in die Materie eingestiegen und war mal wieder völlig erschüttert. Bei meinen Recherchen habe ich festgestellt, dass die Krankenkassen den Tarif für die Krankenhausküchen diktieren und dass ein Patientenessen im Krankenhaus pro Tag höchstens 3,22 Euro kosten darf. Für diese 3,22 Euro muss das Essen in zwölf verschiedenen Diäten produziert werden und wenn wir dann noch die Logistik für Zubereitung und Transport dazurechnen, dann wissen wir, was da an Essensqualität herauskommt. Wohlgemerkt in einem Krankenhaus, in dem wahrscheinlich die Hälfte der Patienten überhaupt erst aufgrund der Folgen einer falschen Ernährung gelandet ist und wo man offensichtlich schon vergessen hat, dass eine gute, gesunde Ernährung einen sehr wesentlichen Beitrag zur Genesung kranker Menschen leisten kann. Aber für die Heilung ist ja heute die Pharmaindustrie zuständig. Ich habe mal eine Ärztin auf das Thema angesprochen. Die meinte dann tatsächlich: »Wissen Sie, ich habe es aufgegeben, mich über das schlechte Essen aufzuregen. Und man kann es ja auch so betrachten: Die durchschnittliche Belegzeit für einen Patienten im Krankenhaus liegt bei fünf bis sechs Tagen. In dieser Zeit kann ein Mensch theoretisch auch ohne Essen überleben. Ich sage den Angehörigen mittlerweile öfters, bringen sie keine Blumen für die Patienten mit, sondern was zu essen.«

Das ist die Realität in einem der reichsten Länder der Erde. Ganz in dieser Stoßrichtung habe ich beim Ärztetag dann meinen wunderbaren Vortrag gehalten. Im Saal wurde es immer stiller, nur ganz hinten hat das Personal applaudiert und mein Professor in der ersten Reihe wurde kreidebleich. Der hat sich so richtig selbst ins Knie geschossen. Beziehungsweise war ich der Übeltäter, weshalb ich fast drei Monate auf mein Honorar warten musste und den Professor auch als meinen Gast verloren habe. Das lässt sich eben manchmal nicht vermeiden. Ich würde mir einfach wünschen, dass so langsam mal ein paar mehr Leute aufwachen und begreifen, dass wir in Sachen Ernährung, aber auch in vielen anderen Bereichen unserer Gesellschaft auf einem absoluten Holzweg unterwegs sind.

Glücklicherweise gibt es ja auch positive Ansätze. Einige kluge Unternehmen haben inzwischen angefangen umzudenken und sorgen für gutes Bio-Essen in ihren Kantinen. Sie haben erkannt, dass gutes Essen die Gesundheit ihrer Mitarbeiter fördert, also zu geringeren Fehlzeiten führt und eine gute Essensqualität darüber hinaus die Identität der Mitarbeiter mit dem Unternehmen sehr positiv beeinflusst, was in Zeiten des Fachkräftemangels zunehmend wichtiger wird. Ich bin bei einem Projekt der IHK mit Otto Geisler involviert, bei dem es darum geht, herauszufinden, wie man die Essensqualität in Kantinen verbessern kann. Es geht darum, eine Strategie zu entwickeln, wie man in Kantinen hochwertiger kochen kann, was in Großküchen, die am Tag vielleicht

8 000 Portionen raushauen müssen, nicht nur eine Frage der Produktqualität ist, selbst wenn der Küchenchef ein Budget zur Verfügung hat, mit dem er zum Beispiel frische Bohnen kaufen kann. Sein Problem aber ist, dass seine Mitarbeiter morgens um sieben Uhr mit der Arbeit beginnen und ab zwölf Uhr das Essen ausgeliefert werden muss. Bei diesen engen Zeitplänen kann seine Mannschaft also keinen Berg von frischen Bohnen schnippeln. Das war wirklich eine spannende Diskussion, denn im Grunde braucht der Küchenchef in einer Großkantine keinen guten Gemüsehändler, sondern einen spezialisierten Hersteller oder Caterer, der ihm das frische Gemüse so vorbereitet liefert, dass er es in der benötigten Menge und Qualität sofort verarbeiten kann. Mit den richtigen Ideen lässt sich also etwas bewegen. Man findet jedenfalls keinen besseren Weg, wenn man den Kopf in den Sand steckt und die Probleme ausblendet. Man muss anpacken und es ausprobieren. Und manchmal findet man sein Ziel auch, wenn man sich umdreht und zurückschaut.

Der Staat kann und muss gewiss nicht alles regeln, aber es gibt eben Dinge, die einfach ganz klar von der öffentlichen Hand geregelt werden müssen. Dazu gehört, dass der Staat nicht nur kontrolliert, dass alle ihre Steuern zahlen, sondern auch dafür sorgt, dass die Leute eine faire Gegenleistung dafür bekommen. Die Grundversorgung und die Infrastruktur, eine Ausbildung und dass jeder ein Dach über dem Kopf hat. Unsere Marktwirtschaft muss so funktionieren, dass nicht nur eine Handvoll Manager und Milliardäre profitieren und der Rest kaputtgeht. Und natürlich ist der Staat auch in der Pflicht, wenn es um die Gesundheit und eine gute Ernährung geht. Es gibt ja Dutzende von Büchern, in denen beschrieben wird, wie es gehen könnte, aber es wagt sich keiner dran. Und selbst wenn wir Deutschen es alleine machen würden, aber die Holländer und die Franzosen nicht mitspielen, würde es schon wieder nicht funktionieren. Das ist das Problem von Europa und unserer globalen Vernetzung, die zudem nur auf Gewinnmaximierung ausgerichtet ist und dabei die Qualitätsmaximierung vernachlässigt. Ob bei der Ernährung oder in vielen anderen Bereichen unseres Lebens: Für mein Empfinden hat sich der Staat an vielen Stellen zu stark zurückgezogen, während an anderen Stellen abstrakte Gesetze gemacht werden, die völlig an der Realität vorbeigehen. Beispiel Lebensmittelkontrolle: Da gibt es Vorschriften, die sind für die Lebensmittelindustrie gemacht, gelten aber auch für alle Restaurants und Gastronomen. Wenn beispielsweise ein Konzern wie Nestlé einen neuen Jogurt erfindet, dann müssen die von jeder Rezeptur drei Rückstellungsproben machen und die sechs Monate aufbewahren. Kann ja sein, dass ein Kunde von dem Jogurt schon mal Dünnpfiff bekommt und Anzeige erstattet. In unserer Küche machen wir sechzig bis siebzig Rezepturen am Tag und müssen theoretisch auch von allem eine Rückstellungsprobe mit Datum aufbewahren. Das macht in der Gastronomie natürlich niemand, weil es schlicht nicht zu leisten ist. Allein für diese Proben müsste jedes Restaurant einen zusätzlichen Tiefkühler einrichten und anschaffen. Wenn ich mit meinem Lebensmittelkontrolleur darüber diskutiere, dann sagt der: »Herr Keller, Sie wissen doch, es wird nichts so heiß gegessen, wie es gekocht wird.« Aber wenn doch mal einer kommt und es ernst meint, was ist dann? Ja, dann hat man sofort einen Dummen gefunden und der Laden macht pleite. Welchen Sinn machen also Vorschriften, von denen selbst die Kontrolleure wissen, dass sie nicht einzuhalten sind? So entsteht statt Transparenz und Lebensmittelsicherheit doch wieder nur Augenwischerei.

Ein ähnliches Beispiel ist das EU-Bio-Siegel. Das kann man zwar als einen Schritt in die richtige Richtung interpretieren, aber wenn man es ernst meint mit dem Thema Nachhaltigkeit oder einer artgerechten Tierhaltung, dann ist das Billig-Bio-Label eben auch ein Etikettenschwindel. Verglichen mit den wesentlich strengeren Spielregeln von Verbänden wie Bioland oder Demeter erlaubt das EU-Bio-Zertifikat zum Beispiel doppelt so viele Mast- oder Legehühner pro Fläche und die Hühner werden auch wieder fast ausschließlich mit Körnern gefüttert, also wieder Kraftfutter. Das Wichtigste, was Hühner kriegen sollten, ist aber Mischkost. Die müssen Gras fressen, Kräuter, Würmer, Kerbtiere. Um das zu verstehen, muss man natürlich wissen, wie ein Hühnermagen funktioniert. Der Hühnermagen besteht im Prinzip aus zwei Muskeln, die wie zwei Mahlsteine arbeiten. Und deshalb brauchen Hühner diese Kerbtiere oder kleine Steinchen, wie feingemahlene Kalkbestandteile, damit die Verdauung richtig funktioniert. Natürlich gewinnt man so auch eine viel bessere Eierqualität. Das war der Grund, warum ich mir schon lange bevor ich mit dem Falkenhof begonnen habe, ein paar Hühner zulegt habe, ich wollte eine optimale Eierqualität für meine Eis- und Eierspeisen und ich wollte wissen, was die Hühner gefuttert haben.

Mal abgesehen von solchen Feinheiten wird beim EU-Bio-Siegel auch ein sehr wesentlicher Aspekt völlig vernachlässigt: der Transport zum Schlachthof. Ein Schwein, das nach den EU-Bio-Siegel-Regeln aufgewachsen ist, kann bis zur Ankunft am Schlachthof unter Umständen eine Reise durch halb Europa hinter sich haben und das kommt öfter vor, als man denkt. Wer aber auch nur einen Hauch von Ahnung hat, der weiß, dass damit auch der letzte Rest an Bio-Billig-Qualität auf dem Transport und durch die Schlachtung selbst verloren geht.

Vom ersten Tag bis zur letzten Stunde

Das Geheimnis einer guten Qualität beim Fleisch ist, dass du alle Prozesse im Blick hast und entsprechend steuerst. Deshalb begleite und betreue ich meine Tiere vom ersten Tag bis zur ihrer letzten Stunde, denn zu einer artgerechten Haltung gehört für mich auch ein Schlachtprozess, der für das Tier ohne großes Leiden über die Bühne geht. Das ist doch eigentlich eine Selbstverständlichkeit – sollte man denken. Aber so wie wir heute die Massentierhaltung weitgehend ausblenden, schauen wir auch bei der Endstation Schlachthof gerne weg. In Deutschland werden pro Jahr rund 3,5 Millionen Rinder geschlachtet. Dafür werden die Rinder mit einem Bolzenschuss getötet, der ihr Stammhirn zerstört, und dann wird ein Endblutungsstich oder Schnitt gesetzt, bei dem die großen Schlagadern aufgeschnitten werden. Das Tier stirbt so sicherheitshalber gleich zweimal und so ist es auch richtig. Bei dem hohen Arbeitstempo in unseren modernen Schlachtfabriken, kommt es aber nicht selten vor, dass dieser Bolzenschuss nicht richtig sitzt, also Ausbluten ohne Betäubung. Das kennen wir ja auch von bescheuerten religiösen Vorschriften, die das ja so erlauben. Muss das denn wirklich sein? Natürlich sieht das bei den rund sechzig Millionen Schweinen, die jedes Jahr geschlachtet werden, nicht besser aus. Auch hier versagt die Betäubung nicht selten. Dafür werden die Tiere in den großen Schlachthöfen in Gondeln in CO_2-Betäubungsanlagen abgelassen, also in einen Schacht, in dem die Atemluft zu 85 Prozent aus Kohlenstoffdioxid besteht. Und was passiert, wenn die Schweine diese Luft einatmen? Sie kriegen sofort das Gefühl zu ersticken und reagieren darauf mit absoluter Panik. Der Stresshormonpegel steigt in den fünfzehn bis zwanzig Sekunden ihres Todeskampfes auf die 500- bis 1 000-fache Konzentration. Trotz dieser grässlichen Tortur sind schätzungsweise ein bis zwei Prozent der Schweine nicht wirklich schon tot, wenn der Entblutungsstich gesetzt wird. Und weil der sogenannte Stecher hier nur wenige Sekunden Zeit pro Schwein hat, kann es auch schon mal danebengehen. Das macht bei sechzig Millionen Schlachttieren an die 500 000 Schweine, die dann lebendig und oft noch bei vollem Bewusstsein im heißen Brühwasser landen, wo sie dann entborstet werden. Und warum ist man auf die Idee mit der CO_2-Betäubung gekommen? Weil sich nur so mit wenig Personaleinsatz bis zu 850 Schweine pro Stunde schlachten lassen. Mit einer Betäubung per Elektrozange schafft man eben nur rund 220 Tiere. Natürlich gäbe es auch für diese Fließbandbetriebe bessere Lösungen, wie beispielsweise Helium. Doch dieses Edelgas ist etwa zehn Mal so teuer und auch im Fließbandbetrieb Schlachthof zählt natürlich nur der Profit. Die Qualen, die die Tiere hier erleiden, die zuvor schon dicht gedrängt und oft über viele Kilometer transportiert wurden, spielen hier keine Rolle. Aber auch Rinder und Schweine sind Säugetiere und unter Stress, Schmerz und Angst reagieren sie nicht anders als wir Menschen. Das Gehirn setzt Angst- und Stresshormone wie Adrenalin oder Noradrenalin frei, das die in den Muskelzellen gespeicherte Glukose in Energie umwandelt. Der Überlebensinstinkt versorgt den Körper also mit einer Extraportion Kraft und Power. Wenn die bereitgestellte Energie aber nicht verbraucht wird, weil die Tiere beim Transport oder im Schlachthof vor dem Bolzenschuss fixiert sind, wird das Adrenalin im Fleisch abgelagert, was dann zu einer Übersäuerung führt. Allein durch diesen Adrenalinausstoß kurz vor dem Tod wird zum Beispiel das für die Fleischqualität so wichtige Verhältnis von Omega-3- und Omega-6-Säuren empfindlich gestört und die Fleischqualität ruiniert, vorausgesetzt, dass sie vorher überhaupt da war. Die Angst, die ein Tier in seinen letzten Stunden erlitten hat, transportiert sich direkt in die Pfanne und auf den Teller – lecker, oder? So ein schnell hochgezüchtetes Schnitzel schrumpft dann in der Pfanne nämlich noch sehr stark. Jeder Metzger weiß, dass wir mit der heutigen sogenannten Fleischqualität zum Beispiel beim Wurstmachen ganz anders umgehen müssen, weil der Wassergehalt, die Textur, (oh verdammt, das Wort gehört Herrn Dollase von der FAZ-Gastrokritik, sorry) ganz anders und viel höher ist. Egal, Hauptsache billig.

Auf dem Falkenhof schlachten wir im Durchschnitt sechs bis acht Rinder pro Jahr. Gut möglich, dass es im kommenden Jahr auch zehn bis zwölf sein werden. Die meisten Tiere schlachten wir noch immer im Schlachthof und ich habe in dieser Beziehung echtes Glück, weil es in Niederwallmenach, nur knappe zwölf Kilometer entfernt, noch einen sogar biozertifizierten Schlachthof gibt. Das ist ein eher kleiner Familienbetrieb, dort werden in der Woche vielleicht 200 Schweine und dreißig Rinder geschlachtet. Mein Fernziel ist, dass wir alle unsere Tiere auch hier auf dem Hof schlachten. Das kann und mache ich auch jetzt schon, aber die Tiere, die ich hier schlachte, darf ich auch nur auf dem Hof als Hausschlachtung verwerten. Um mein Fleisch auch in unserer *Adler Wirtschaft* auf den Teller zu bringen, brauche ich einen anderen EG-Norm-Stempel und den gibt's nur im Schlachthof. Normalerweise darf in dem Gebäude, in dem geschlachtet wird, das Fleisch nicht gleichzeitig auch verarbeitet werden. Schlachthaus und Wurstküche sind auch hier auf dem Falkenhof zwei getrennte Gebäude. Das Problem ist nur, dass dazwischen rund siebzig Meter Hof liegen. Ein totes Schwein könnte also beim

Transport über den Hof schon mal ein paar Regentropfen abkriegen und deshalb ist dieser Transfer durchs Freie aus Gründen der Hygiene nicht erlaubt. Mal wieder sicher so ein Bockmistparagraph aus der Schlachtindustrie, aber nichts für kleinbäuerliche Betriebe, die dadurch noch etwas unwirtschaftlicher werden, als sie es ohnehin schon sind.

Rinder und besonders Schweine sind bekanntlich äußerst soziale und sensible Herdentiere. Auch Aspekte dieser Art spielen in den industriellen Schlachtprozessen selbstverständlich keine Rolle. Wenn ich vor dem Schlachten nur ein Schwein aus der Herde separieren würde, dann hätte die arme Sau sofort im wahrsten Sinne tierischen Stress. Selbst wenn nur ein Schwein geschlachtet wird, kommen am Abend vor der Schlachtung immer gleich zwei Schweine in unseren Anhänger, den die Schweine kennen, weil er nicht weit von ihrem Stallgelände geparkt ist und sie dahinein auch schon mal ihr Futter bekommen. Neugierde und Kohldampf waren schon immer ein besserer Antrieb als Stress oder Angst. Man könnte also sagen, dass ein Schwein die Rolle eines Sterbebegleiters übernimmt. Das mag merkwürdig klingen, aber nicht nur im Hinblick auf die Fleischqualität, sondern auch für die Tiere selbst ist das sinnvoll. Je weniger Stress, desto besser das Fleisch. Aus diesem Grund fahren wir unsere Schweine am liebsten auch schon am Abend in aller Ruhe den kurzen Weg zum Schlachthof, damit sie dann morgens gleich als Erstes dran sind und noch eine ruhige Nacht hatten. Wenn wir hier auf dem Falkenhof ein Schwein schlachten und verarbeiten, dann ist das echte Handarbeit und dauert einen ganzen Tag. Ein Schwein wird, bis auf die Schinken und den Rücken, komplett am selben Tag zu Bratwürsten, Blut- und Leberwurst oder Presskopf verarbeitet, was den Vorteil hat, dass wir keinerlei Phosphate verwenden müssen. So machen wir das auch in unserem kleinen Schlachthof nebenan.

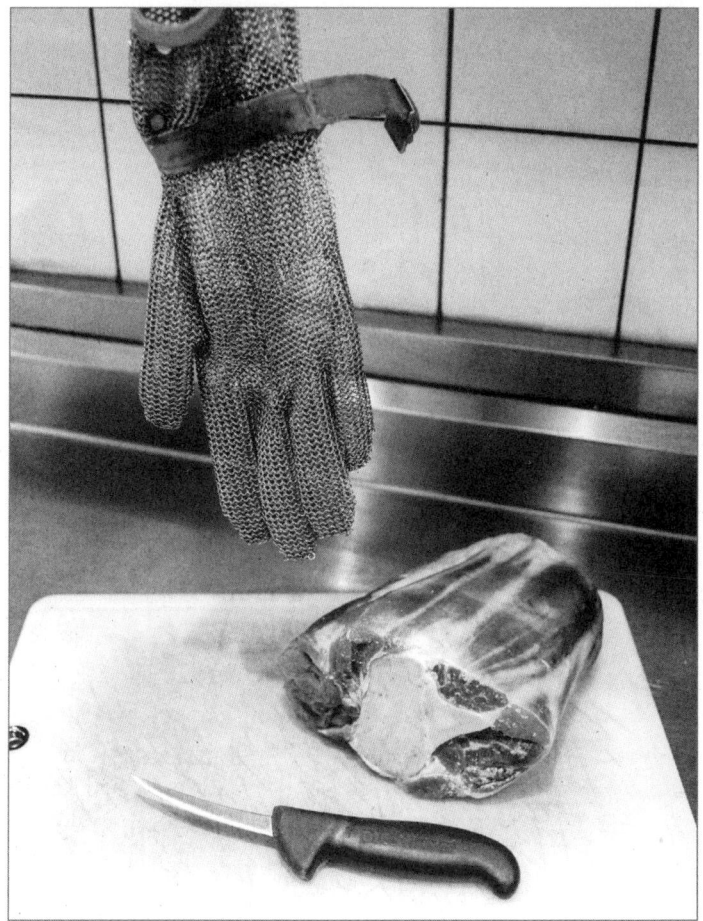

Wir kommen, wenn wir Fleisch als Nahrung zu uns nehmen, nicht daran vorbei, unsere Nutztiere zu töten, aber die Schlachtung kann und muss ohne Todesangst und Quälerei erfolgen. Wenn wir hier auf dem Falkenhof ein Schwein schlachten und verarbeiten, dann ist das noch echte Handarbeit und dauert einen ganzen Tag. Ein Schwein wird, bis auf die Schinken und den Rücken, komplett am selben Tag zu Bratwürsten, Blut- und Leberwurst oder Presskopf verarbeitet, was den Vorteil hat, das wir keinerlei Phosphate verwenden müssen.

Das Schlachten von Rindern ist eigentlich im Hinblick auf Arbeit und Hygiene viel unproblematischer als bei Schweinen. Ein Rind verursacht viel weniger Arbeit beim eigentlichen Schlachtprozess. Der Nachteil ist, dass ein Rind deutlich schwerer ist. Die beiden Winden, die wir zum Hochziehen haben, können derzeit beide maximal nur 250 Kilo tragen, aber so ein Rind hat deutlich mehr Gewicht. Wenn wir die Winden haben, die stark genug sind, um ein Rind zu tragen, würde ich meine Rinder auch direkt auf der Wiese schießen. Das ist in meinen Augen die optimale Lösung. Gerade noch ein Büschel Gras im Maul und dann kommt der Jäger und erlegt das Tier kurz und schmerzlos mit einem gezielten Schuss in den Kopf. Ich bin eigentlich kein Freund der Elektrozange, um die Schweine zu töten, weil die ja letztlich durch den starken Stromstoß auch Muskelkrämpfe verursachen. Ein Bolzenschuss, richtig und direkt gesetzt, ist die schnellste und beste Tötungsmethode, das ist und bleibt der entscheidende Punkt. Wir kommen, wenn wir Fleisch als Nahrung zu uns nehmen, nicht daran vorbei, unsere Nutztiere zu töten, aber die Schlachtung kann und muss ohne Todesangst und Quälerei erfolgen. Für mich ist das nicht nur eine Frage von Ernährungsqualität und Genuss, sondern eben auch von Ethik und Respekt.

In meinen Augen spiegelt sich in der industriellen Intensivhaltung unserer Nutztiere und den daraus resultierenden Verarbeitungsprozessen unserer Schlachtbetriebe und der Lebensmittelindustrie nicht unbedingt das Bild einer hochentwickelten Zivilisation. Wenn man wie ich seit vielen Jahren in einer ländlichen Umgebung mit seinen Tieren zusammenlebt, entwickelt man, denke ich, einen klareren Blick für das, worauf es wirklich ankommt. Wir haben vergessen oder noch nicht wirklich verstanden, dass wir die Natur, in die wir ja ganz unmittelbar eingebunden sind, als einen Kooperationspartner verstehen und entsprechend behandeln müssen. Der Mensch hält sich ja gerne für die Krone der Schöpfung, der aus dieser irrigen Meinung das Recht ableitet, die Natur zu plündern und zu zerstören. Dabei sind ausgerechnet wir es, die im Unterschied zu vielen anderen Lebewesen auf der Erde extrem auf die Unterstützung anderer Tiere angewiesen sind, die wir für unser Überleben brauchen. Damit meine ich nicht nur die Rinder, Schweine, Ziegen oder Schafe, von deren Fleisch oder Milch wir leben. Dazu gehören auch die Bienen, die unsere Nutzpflanzen bestäuben, oder die Würmer und Käfer, die unsere Böden lebendig halten. Wenn wir unser Ökosystem und diese Jahrtausende alte Partnerschaft weiterhin so missachten, ruinieren wir in rasantem Tempo unsere eigenen Lebensgrundlagen. Vor meinem geistigen Auge sehe ich jetzt gleich wieder die Veganer-Fraktion den empörten Zeigerfinger heben und rufen: »Seht ihr, haben wir doch schon immer gesagt, wir müssen auf den Fleischkonsum verzichten.« Doch dieser Gedanke greift zu kurz. Wer eine rein pflanzliche Ernährung vorzieht, der soll das gerne tun, aber man muss daraus nicht gleich eine Religion machen. Denn wenn es um die Qualität unserer Nahrungsmittel und eine nachhaltige Landwirtschaft und Lebensweise geht, verläuft die Kampflinie doch nicht zwischen Veganern und Fleischessern. Wir stehen doch eigentlich auf derselben Seite. Oder wo liegt der wesentliche Unterschied zwischen einem Stück Fleisch aus der Mastfabrik und beispielsweise Soja, das aus gentechnisch manipulierten Monokulturen stammt? Ich glaube sogar, wenn man es ehrlich rechnet, können wir nicht alle Menschen rein vegan ernähren. Mehr als zwei Drittel der landwirtschaftlich nutzbaren Fläche unserer Erde sind Gras- und Weideland. Daraus nun Ackerflächen für den Nutzpflanzenanbau zu machen, funktioniert schon alleine deshalb nicht, weil es in vielen Regionen der Erde schlicht am nötigen Wasser fehlt. Die Alternative wäre auch hier eine durch Gentechnik und Agrarchemie gesteuerte Intensivlandwirtschaft und die kann auch für Veganer keine Lösung sein, sofern es ihnen um Gesundheit und den guten Geschmack geht. Deshalb führen uns ideologische Debatten, die nicht die ganze Wahrheit in den Blick nehmen, keinen Schritt weiter.

Deutschland ist noch immer eine Nation, für die beim Essen das Fleisch die Hauptrolle spielt und in dem Gemüse die Nebenrolle als Beilage zufällt. Wie eingangs gesagt: Im Durchschnitt isst der Deutsche doppelt so viel Fleisch wie ihm eigentlich guttut. Mit der Idee »Vom Einfachen das Beste« verbindet sich für mich deshalb nicht nur eine Küche, die auf saisonale und regionale Produkte in bester Qualität setzt. Ganz wesentlich ist dabei der Gedanke, die Rollenverteilung von Fleisch und den pflanzlichen Bestandteilen unseres Essens zugunsten einer deutlich stärkeren Gewichtung von Gemüse zu verändern. In meiner eigenen Küche ist das ja relativ einfach, denn ich kann meine Gäste mit Genuss überzeugen und ihnen meine Vorstellungen von Qualität erklären. Wie aber können wir eine generelle Bewusstseinsveränderung bei einem Großteil der Bevölkerung einleiten? Besserwisserei und ein erhobener Zeigefinger sind hier mit Sicherheit nicht zielführend.

Während eines Urlaubs in Amerika hatte ich einmal ein interessantes Erlebnis. Weil man in der Wohnung und auf dem Balkon nicht rauchen durfte, bin ich am Abend zuweilen runter auf die Straße, um gemütlich meine Zigarre zu paffen. Da konnte ich beobachten, wie sich zur Abendessenszeit in allen umliegenden Häusern die Food-Kuriere die Klinken in die Hand gaben. Delivery, delivery, delivery – ich habe gedacht, ich spinne. In dem Appartementhaus, in dem auch die Wohnung meiner Freunde war, lernte ich eine Familie kennen. Der Vater, ein Polizist, hatte zusätzlich noch einen anderen Job für zwanzig Stunden in der Woche, seine Frau arbeitete in drei verschiedenen Jobs und die beiden Kinder, die noch zur Schule gingen, mussten sich tagsüber alleine durchschlagen. Die hatten in ihrer Wohnung eine komplett eingerichtete Küche, mit Mega-Kühlschrank und allem Drum und Dran, doch das einzige Gerät, das wirklich permanent genutzt wurde, war die Mikrowelle, weil auch diese Familie, wenn sie am Abend zu Hause zusammentraf, den Delivery-Service für Pizza oder Burger bestellte oder schnell ein Tiefkühlgericht in der Mikrowelle aufwärmte. Als wir ins Gespräch kamen, habe ich gefragt, warum sie das denn machen. Der Vater erklärte mir, dass er und seine Frau wirklich hart arbeiten müssten, um die Familie durchzubringen, und dann wären sie am Abend einfach zu kaputt, um auch noch zu kochen. Ich habe dann gesagt: »Okay, morgen koche ich für euch.« Am nächsten Abend habe ich für die Familie ganz bewusst eine ganz simple Pasta mit Tomatensoße gemacht. Etwas Öl in die Pfanne, Tomaten und Zwiebeln dazu – fertig. Die Zeit, die es gebraucht hat, um für die ganze Familie das Essen auf den Tisch zu stellen, war sicher nicht länger als eine Order beim Lieferservice und sowohl die Eltern wie die Kinder kamen aus dem Staunen nicht heraus. Sie waren total begeistert, wie toll das schmeckte. Ich hatte das starke Gefühl, dass sie vor lauter Convenience-, Fertig- und Fast-Food, von dem sie sich fast ausschließlich ernährten, schon vergessen hatten, wie gut ein »handmade«-Essen schmecken und wie schnell und einfach man es zubereiten kann. Ich wollte ihnen an diesem einfachen Beispiel zeigen, dass so ein Gericht für eine vierköpfige Familie nicht nur gesünder ist, sondern auch viel weniger kostet als der Lieferservice oder das Fertigfutter aus dem Supermarkt. So wie dieser amerikanischen Familie geht es wahrscheinlich auch Millionen anderen Menschen – und das nicht nur in Amerika, denn auch in Europa wächst der Anteil von Fertiggerichten im Ernährungsmarkt kontinuierlich an. Und gerade in jüngster Zeit nimmt auch hierzulande die Delivery-Seuche langsam epidemische Ausmaße an. Auch hier bei uns gibt es eine Menge Menschen, die sich inzwischen mit zwei oder drei Minijobs durchs Leben schlagen müssen, und ich kann verstehen, dass die dann ziemlich schlapp und müde nach Hause kommen. Dafür habe ich viel Verständnis. Aber bitte, bitte, gebt doch euer hart verdientes Geld nicht für mieses Fertigfutter aus. Das macht euch vielleicht vordergründig satt, aber es ist wertloses Essen, das euern Körper nicht mit dem versorgt, was er zum Leben braucht. Es sind, wie der Name schon sagt, Nahrungsmittel, die euch auf Dauer fertigmachen. In mehr als siebzig Prozent aller abgepackten Lebensmittel aus dem Supermarkt sind Zuckerzusätze erhalten und der Konsum dieser industriellen Lebensmittel hat sich in den letzten dreißig Jahren um einhundert Prozent erhöht. Noch vor rund hundert Jahren haben wir pro Kopf und Jahr im Durchschnitt zwei Kilo Zucker zu uns genommen. Inzwischen liegt der Durchschnitt bei sagenhaften vierzig Kilo, was umgerechnet einem Zuckerverbrauch von etwa 37 Zuckerwürfeln am Tag entspricht! Die WHO empfiehlt maximal zwölf Teelöffel am Tag. Ein echter Teufelskreis. Denn der extreme Zuckerkonsum wird heute als die Hauptursache für die Herzkrankheiten oder chronische Stoffwechselkrankheiten angesehen, unter denen verstärkt die Jüngeren zu leiden haben. Mehr als vierzig Prozent der übergewichtigen Kinder leiden heute bereits an einer Fettlebererkrankung oder an Typ-2-Diabetes, einer Erkrankung, die man bis Anfang der achtziger Jahre gar nicht kannte. Schon Kleinkinder werden mit gesüßten Tees oder Fruchtsäften auf Zucker konditioniert und ich befürchte, dass viele Eltern keine Ahnung haben, was sie ihren Kindern damit antun. Wieso, ist doch nur Apfelsaft. Es gibt im Englischen das alte Sprichwort »One apple a day keeps the doctor away«. Ein Apfel pro Tag, schön und gut. Um einen Liter Direktsaft herzustellen, braucht man aber ungefähr 2,5 Kilo Äpfel. Selbst wenn ein Kinderfläschchen nur ein Viertelliter fasst, wären das immer noch mehr als ein Pfund Äpfel. Welche Eltern kämen auf die Idee, ihrem zwei- oder dreijährigen Kind täglich ein Pfund Obst zu füttern? Auch Fruchtzucker ist Zucker und jede Form von Zucker belastet unsere Leber. Das alte Trinkermotto »Duck' dich Leber, es kommt ein Schutt« lässt sich auch auf die übersüßten Softdrinks aller Art anwenden. Wer sich eine Limo oder Cola reinzieht, überschwemmt die Leber mit einer echten Zuckerflut, aber die Leber kann sich nicht einfach wegducken. Ich habe oben beschrieben, wie das Stopfen einer Gans funktioniert, um eine Fettleber zu produzieren. Und genauso entsteht die Fettleber bei einem Menschen, selbst wenn er keinen Tropfen Alkohol trinkt. Nun ist die Sache bei Obst noch leicht durchschaubar. Das Perverse bei industriellen Lebensmitteln aber ist, dass die Lebensmittelindustrie die Zuckerzusätze geschickt verschleiert, zum Beispiel dadurch, dass es mehr als fünfzig verschiedene Bezeichnungen für Zucker gibt. Aber warum gibt es von Salatsoßen über Tomatenketchup bis zu Fertigfleischprodukten überhaupt so viel Zucker in industriell produzierten Lebensmitteln? Ganz einfach, weil es das billigste Kohlenhydrat ist, weil man damit auch völlig fettfreies und entsprechend geschmackloses Lebensmittel genießbar machen kann und weil sich so nun einmal fette Profite einfahren lassen. Dafür gibt die Lebensmittelindustrie seit Jahrzehnten jede Menge Kohle für irreführende Werbung, manipulierende PR und gezielte Lobbyarbeit aus – denn anders lässt sich nicht erklären, warum auch hierzulande die Politik immer noch zuschaut, wie die Bevölkerung Fett ansetzt und unser Gesundheitssystem früher oder später kollabieren wird, weil die Behandlungskosten nicht mehr zu bewältigen sind. Herzkrankheiten und Diabetes sind heute schon weltweit ein größeres Problem als Infektionskrankheiten.

Auch ich kann die Welt nicht retten, aber eigentlich gibt es einen ganz einfachen Weg für jeden von uns, sich aus den Fängen dieses tier- wie menschenverachtenden Systems des Industriefutters zu befreien. Wir müssen unsere Ernährung wieder selbst in die Hand nehmen, auch – und davon bin ich fest überzeugt – um wieder ein größeres Verständnis für die Nahrungsmittel zu entwickeln, die wir zu uns nehmen. Haben Sie mal ein Kleinkind beobachtet, das gerade abgestillt wurde und nun beginnt, feste Nahrung zu sich zu nehmen? Und ich meine hier jetzt nicht die gesüßte Babynahrung aus dem Gläschen. Ein junger Mensch, der gerade seine ersten Ess-Erfahrungen sammelt, wird, wenn man ihm eine Auswahl an frisch zubereiteten Nahrungsmitteln anbietet, instinktiv das zu sich nehmen, was sein Körper gerade braucht. Vielleicht sind das heute Kohlehydrate und morgen ist es Eiweiß, aber der Körper weiß genau, was für ihn gerade wichtig ist. Genau das ist das Gefährliche an Zucker, an Geschmacksverstärkern oder den mehr als 300 Zusatzstoffen, die für die Herstellung konventioneller Industrielebensmittel zugelassen sind: Sie manipulieren unsere Geschmacksnerven derart, dass wir Nahrungsmittel zu uns nehmen, die unser Körper nicht braucht oder schlecht verarbeiten kann. Wir werden vielleicht satt, aber der Körper verhungert, weil er nicht das bekommt, was er für ein gesundes Leben braucht.

Kommen wir also von der Theorie in die Praxis.

Keine Angst vorm Kochen

Essen ist ja nicht nur eine Frage der guten Grundprodukte. Essen ist Zeit. Man muss sich Zeit zum Kochen nehmen – und schon während ich diesen Satz aufschreibe, spüre ich, das ist der völlig falsche Ansatz, denn es klingt gleich wieder vorwurfsvoll nach »nehmt euch gefälligst Zeit, um ein gutes Essen zu kochen«. Eigentlich funktioniert es doch anders herum: Kochen macht Spaß! Und für die Dinge, die uns Freude bereiten, sollten wir uns im Leben immer Zeit nehmen. Kochen ist aber nicht nur ein echtes Vergnügen, es kostet auch höchstens ein Drittel dessen, was man für ein Restaurantessen bezahlt, und auch ich als Gastronom hätte keine Angst, wenn meine Gäste häufiger selber kochen würden. Im Gegenteil: Als Koch hätte ich es sehr viel leichter, weil regelmäßige Selbstkocher wenigstens wissen, was gut ist und was schlecht ist. Viele betrachten Kochen heute als verlorene Zeit, weil sie beruflich stark eingespannt sind. Sie verlernen, wie es funktioniert oder haben zumindest das Gefühl, dass sie nicht kochen können. Und dann beginnt der Kreislauf, über den sich vor allem die Lebensmittelindustrie so richtig freut. Wenn die Eltern nicht mehr kochen, lernen es auch die Kinder nicht mehr. Sie bekommen ja gar nicht mehr mit, wie echtes Essen entsteht, und deshalb wächst der Fertigfuttermarkt kontinuierlich an.

In meiner Schulzeit gab es zumindest für die Mädchen noch Fächer wie Hauswirtschaft, wo wenigstens ein paar Kochgrundkenntnisse vermittelt wurden. In den siebziger und achtziger Jahren setzte dann die Emanzipationsbewegung ein und die Frauen wollten studieren, einen Job ergreifen und nicht mehr am Herd stehen. Richtig so, aber anstatt nun diese Unterrichtsfächer völlig aus dem Lehrplan zu verbannen, wäre es doch im Sinne einer echten Gleichberechtigung viel schlauer gewesen, auch die Jungs ans Kochen heranzuführen. Heute reden alle von der Digitalisierung und davon, dass wir am besten schon die Grundschulen und Kindergärten mit Computern ausstatten. Ein Irrsinn! Wir sollten stattdessen massiv in die Einrichtung von Schulküchen investieren, in denen schon die Kinder lernen können, wie man eine gesunde und schmackhafte Mahlzeit zubereitet. Im virtuellen Raum ist meines Wissens noch niemand satt geworden. Daran ändern auch die tollen Future-Food-Shakes nicht, die von Softwareentwicklern im Silicon Valley entwickelt wurden, damit die Extrem-Performer vor dem Computerbildschirm keine wertvolle Zeit mehr fürs Essen verlieren müssen. Natürlich ist auch die Ökobilanz unserer industrialisierten Lebensmittelproduktion eine echte Katastrophe und wenn sich alle Menschen so ernähren würden wie wir Deutschen, wäre unser Planet schon lange ruiniert. Für mich ist nicht die Digitalisierung die Schlüsseltechnologie, mit der wir unsere Zukunft retten können, sondern das Kochen. Hätte der Urmensch die Beherrschung des Feuers nicht erlernt, dann gäbe es uns heute sehr wahrscheinlich nicht. Das Feuer schenkte nicht nur Wärme und schützte in der Nacht vor wilden Tieren, es bedeutete an erster Stelle einen echten Quantensprung für die Ernährung. Rohes Fleisch kann der Mensch nur in sehr kleinen Mengen verdauen und erst die Anfänge des Kochens machte das Fleisch erlegter Tiere bekömmlich. Gebratenes und gekochtes Fleisch ließ sich nicht nur leichter verdauen, sondern enthielt auch weniger Krankheitskeime und Parasiten als rohes Fleisch. Außerdem versorgte es den Menschen mit einem

Energieschub und wertvollen Proteinen, die das evolutionäre Gehirnwachstum erst möglich machte. Kurz: Ohne gekochte Nahrung kein Homo sapiens. Heute sind wir dabei, das Kochen, diese eng mit der Menschheitsgeschichte verknüpfte Kulturtechnik, aus unserem Leben zu verbannen. Gute Nacht Menschheit, kann ich da nur sagen, wenn wir nicht schnellstens damit beginnen umzudenken. Kochen, so viel steht für mich fest, kann uns als Ausgangspunkt die Antworten auf viele Fragen liefern, für die wir dringend eine Lösung finden müssen. Warum? Wenn wir das Kochen wieder als einen zentralen Bestandteil unserer Lebenskultur in den Alltag integrieren, landen wir quasi automatisch bei authentischen, weil frischen und unbehandelten Lebensmitteln, die wir in unserer Alltagsküche verarbeiten. Mit ein wenig Erfahrung schmeckt man dann plötzlich auch den Unterschied zwischen Tomaten aus dem Folientunnel oder einem Salat, der in Nährlösung aufgewachsen ist und echten, in der Erde gereiften Produkten. Und schon beginnen wir uns Gedanken über die Produktionsbedingungen von Fleisch und Gemüse zu machen oder darüber, welche Früchte oder Gemüsesorten in welcher Jahreszeit verfügbar sind. Wenn die Besucher und Gäste hier auf meinem Falkenhof ins Schwärmen kommen, weil alles so toll schmeckt, dann sage ich ihnen immer mal wieder, »wenn ihr euch anständig ernähren wollt, dann könnt ihr eben nicht mal schnell mit der Plastiktüte in den Supermarkt rennen und eine Tüte voll Zeug kaufen. Am besten geht oder fahrt ihr einmal die Woche zu eurem Gemüsehändler oder auf den Markt, holt dort euer Gemüse und gleich noch ein paar frische Hof-Eier dazu.« Selber kochen und gemeinsam essen stärkt unsere zwischenmenschlichen Beziehungen und es stellt auch unsere Verbindung zu Natur und Umwelt wieder her. Klimawandel, Artensterben, Umweltschutz, Energiewende – für all diese drängenden Probleme werden wir andere und bessere Lösungen finden, wenn wir häufiger kochen.

Das Hauptproblem ist, wie kriegen wir das Kochen und alles, was damit zu tun hat, in unserem Alltag organisiert? In der Regel kaufen die Leute heute einmal in der Woche schnellstmöglich ein und vielleicht eher etwas planlos. Diese Methode macht keinen Sinn, weil wir tatsächlich Zeit und Geld für Nahrungsmittel verschwenden, die wir später nicht essen, sondern vernichten, und das macht wirklich keinen Spaß und kostet auch noch Geld.

Vom Einfachen das Beste – diese Philosophie meiner Küche kann auch für das Kochen im Alltag eine brauchbare Richtlinie sein. Einfach bedeutet hier, möglichst frische und unbehandelte Lebensmittel einzukaufen. Klar, am besten in Bio-Qualität, aber auch konventionell erzeugtes Gemüse ist immer noch um Klassen besser als industrielles Fertigfutter. Auch für den Einkauf im Supermarkt ist es deshalb gut, die Tiefkühlzonen und Regale mit den Fertiggerichten zu meiden und sich auf frische Waren zu konzentrieren. Nicht nur beim Fleisch, auch in den Fertigprodukten mit Gemüse, wird kräftig beschissen, gestreckt und verfälscht. Je weniger wir davon essen, umso besser! Gerade war zu lesen, dass einer der größten Lebensmittelhändler in Deutschland einen Preiskampf mit Nestlé, einem der weltweit größten Lebensmittelkonzerne, austrägt, um den Einkaufspreis zu drücken. Der Handelsriese drohte dem Hersteller, an die 160 Produkte aus seinen Supermarktregalen zu verbannen. Ein schönes Beispiel, das uns zeigt, wie stark unsere Ernährung von ganz wenigen Großunternehmen bestimmt und manipuliert wird.

Kochen – und das ist eine wichtige Erkenntnis – ist ein stetiger Prozess. Je kontinuierlicher wir kochen, desto geringer wird der Aufwand, weil dabei eins ins andere übergeht. Wenn ich jetzt zum Beispiel mal eine Fleischbrühe ansetze, dann koche ich die doch nicht nur für heute und für dieses eine Essen. Das Fett, das sich oben auf der Brühe ansetzt, kann ich kalt werden lassen, abschöpfen, in ein kleines Einmachglas packen und im Kühlschrank aufbewahren. Damit lässt sich dann später ein sensationeller Wirsing kochen und ich brauche noch nicht einmal Fleisch dazu, weil das Fett den herzhaften Geschmack dazu liefert. Ein anderes Beispiel: Alle Kinder (und auch viele Erwachsene) lieben Nudeln mit Tomatensoße. Wenn ich mir also die Arbeit mache, eine frische Tomatensauce zu kochen, kann ich auch gleich eine viel größere Menge vorbereiten. In Einmachgläser oder Tiefkühlbeutel gepackt, erhalten wir so eine wunderbare Grundsoße, die ich beim nächsten Mal schnell und einfach variieren kann. Wir produzieren also unsere eigene Fertigsoße – allerdings ohne Zuckerzusätze und ohne Konservierungsstoffe oder Geschmacksverstärker. Wenn wir auf diese Weise beim Einkaufen und in der Küche verfahren, sparen wir beim Kochen eine Menge Zeit. Und wenn wir dann merken, dass unsere Tomatensoße wirklich besser schmeckt als die Fabrikvariante, dann kommt die Lust von ganz alleine. Sie können sich auch gleich ein Kochbuch schnappen und versuchen, ein tolles Vier-Gang-Menü hinzukriegen. Viel wichtiger für das Projekt Alltagsküche sind aber die einfachen und schnellen Gerichte, die wir mit wachsender Routine dann Schritt für Schritt entwickeln können.

Ich könnte jetzt eine Ideallliste für den richtigen Einkauf aufstellen oder lang und breit erklären, wie man einen Kühlschrank organisiert. Aber wir wissen doch alle, dass unser Alltagsleben in aller Regel leider höchst selten ideal und perfekt ist. Das gilt auch für die Küche. Die Realität sieht aber eher so aus: Was kochen wir denn heute? Da schauen wir doch mal ins Kochbuch oder Internet und suchen nach einem leckeren Rezept. Dann stellen wir fest, dass uns zur Zubereitung dieses Gemüse oder jenes Gewürz fehlt und schon meldet sich im Hinterkopf der kleine Fast-Food-Quälgeist und sagt: »Ach komm, was soll der ganze Aufwand, bevor du jetzt noch mal losrennst, schieb doch schnell die Tiefkühlpizza in den Ofen.« Was also können wir tun in unserer

Not, wenn wir verhindern wollen, dass die Bequemlichkeit mal wieder siegt? Wir improvisieren! Ich halte Improvisation nicht für eine aus der Not geborene Tugend, sondern für einen zentralen Impuls der kreativen Küche. Neulich erst wollte ich für eine Gästegruppe auf dem Falkenhof ein Surf & Turf vorbereiten. Dabei kam mir spontan die Idee, zum Tintenfisch das klassische Steakfleisch durch meine Kalbswurst zu ersetzen. Die Leute sind ausgeflippt vor Begeisterung. Wer erst einmal die Lust am Improvisieren entdeckt hat, der wird in Zukunft Kochbücher, Fotos und Rezepte nur noch zur Inspiration und als Appetitanreger nutzen. In dieser Küche sind Rezepte nur Basis und Anregung. Das kann auch schiefgehen, aber ein Fehler ist kein Grund, den Kochlöffel in die Ecke zu schmeißen, sondern der Ausgangspunkt für Kreativität. Genauso verstehe ich meine Rezepte auf den folgenden Seiten. Also, ab in die Küche und los geht's!!

Endiviensalat mit Kartoffel, Speck und Ei

Ein wunderbares Essen, natürlich auch,
wenn man möchte, ohne Speck.

Endiviensalat mit Kartoffel, Speck und Ei

Also stellen wir es uns doch mal genau so vor wie im echten Leben. Beim Blick in den Kühlschrank finden wir im Gemüsefach noch ein Paar Kartoffeln, einen halben Endiviensalat oder auch andere Salatsorten wie Löwenzahn, Chicorrée oder Radicchio. Eier gibt es auch noch und ein Stück Speck oder ein paar Schinkenreste und eine Zwiebel. Wunderbar! Dann machen wir uns doch daraus einen leckeren Endiviensalat mit Kartoffeln, Speck und Ei.

Das funktioniert wie folgt:

Zwei kleinere mehlig kochende Kartoffeln als Pellkartoffeln garen. Während die Kartoffeln kochen, nehmen wir drei bis vier Handvoll grob und quer zur Faser geschnittenen, gewaschenen und trocken geschleuderten Endiviensalat. Zwei bis drei Eier werden nur wachsweich gekocht, so dass das Eigelb möglichst noch gerade etwas flüssig bleibt. Die Eier werden dann später noch heiß mit dem Löffel aus der Schale geholt und auf den Salat drapiert. Den Speck schneiden wir, natürlich ohne die Schwarte, in kleine Würfel, die wir langsam in einer Bratpfanne im eigenen auslaufenden Fett anbraten. Die mittelgroße Zwiebel wird in kleine Würfel geschnitten und unter Zugabe von etwas Salatöl in einer Pfanne langsam und nicht zu heiß glasig gegart. Anschließend etwas groben Senf, Weinessig, Salz, Pfeffer, Muskat und, falls vorhanden, einen Schluck Weißwein oder Gemüse- oder Fleischbrühe dazugeben. Dann die weich gekochten Pellkartoffeln schälen und durch die Spätzlepresse, eine Flotte Lotte oder ein grobes Sieb pressen und den so entstandenen Kartoffelschnee in die gutflüssige und reichliche Grundmasse aus Zwiebeln und Speck geben, anbinden und schön sämig rühren. Das alles sollte jetzt nur noch heiß gehalten werden und kann eventuell noch mit frischen Thymianblättchen, Liebstöckel oder Schnittlauch verfeinert werden. Einfach mal ausprobieren oder variieren, je nachdem, was gerade vorhanden ist. Das Eiweiß der Eier in grobe Brocken zerkleinern und unter den Salat mischen, der jetzt noch einen Moment abkühlen kann, aber nicht kalt werden sollte. Ein herrliches Gericht, das man auch ganz alleine genießen kann, in dieser Menge aber auch für zwei bis drei Mäuler reicht. Wer mag, kann auch etwas Schinken, Geflügelfleisch oder gebratenen Fisch dazu servieren. Rechnen wir mal zusammen: Die Grundprodukte noch nicht einmal sechs Euro, der Zeitaufwand inklusive Kartoffeln kochen keine halbe Stunde. Eventuelle Restmengen können wunderbar auch noch Stunden später genossen werden. Weil die Salatblätter ihre Knackigkeit verlieren, sehen die Reste zwar weniger gut aus, schmecken aber, weil gut durchgezogen, wahrscheinlich noch viel besser.

Lauchgratin

Lauch ist in meinen Augen ein echter Tausendsassa und ein
wunderbarer Grundstoff zum Kochen oder zur Weiterverarbeitung.
Selbst zum Würzen und in getrocknetem Zustand ist Lauch
vielfältig verwendbar.

Lauchgratin

»Ey, du Lauch«, ist im Umgangsslang der Jugend von heute ja eher als Beleidigung zu verstehen. Etwa gleichbedeutend mit Trottel, Idiot oder Vollpfosten. Ich weiß eigentlich nicht, warum ausgerechnet dieses Gemüse als Analogie für derart unvorteilhafte Eigenschaften herhalten muss. Lauch ist in meinen Augen ein echter Tausendsassa und ein wunderbarer Grundstoff, zum Kochen oder Weiterverarbeiten. Lauch ist fast immer preiswert verfügbar und ich könnte aus dem Stand Hunderte von Rezeptvorschlägen runterrasseln. Fangen wir einfach mit meinem neuesten an.

Wir brauchen:
eine große Stange Lauch
zwei mittelgroße Kartoffeln, natürlich mehlig kochende
ein Viertelliter frische süße Sahne, bitte über 33 Prozent Fett
zwei frische Eier
Salz, schwarzer Pfeffer aus der Mühle und Muskat frisch aus der Reibe
etwas Pimentpulver (optional)

Als Erstes setzen wir mal die Pellkartoffel in gesalzenem Wasser auf. Die können vor sich hin köcheln, während wir die anderen Zutaten vorbereiten. Die Lauchstange putzen und eventuell das äußerste Blatt entfernen. Den Lauch am oberen Ende etwas kürzen, aber die dunkelgrünen Blattteile bitte dran lassen, die schmecken nämlich am besten. Jetzt wird die Lauchstange auf einem Brett liegend von der Wurzel her einmal längs geteilt. So können dann die Innenseiten der einzelnen Blätter unter fließendem, kaltem Wasser gesäubert und eventuelle Erdreste gut entfernt werden. Erst danach wird der

Lauch von der Spitze her, quer zur Faser in dünne Streifen zerschnitten. Bitte dran denken: Erst waschen, dann kleinschneiden. Wenn man das umgekehrt macht, spült man beim Säubern gleich die wertvollen Geschmacks- und Inhaltsstoffe raus.

Jetzt dürften die Kartoffeln weich sein, also abschütten, kurz abkühlen lassen und pellen. Während die Kartoffel einen Moment kühlen, werden die Eier in einer Schüssel mit dem Schneebesen kräftig zerschlagen und dann mit der Sahne gut vermischt. Danach werden die Kartoffeln mit der Spätzlepresse oder durch ein Sieb gedrückt und vorsichtig, in die Ei-Sahne-Masse hineingegeben. Ab jetzt die Masse nicht mehr bearbeiten und so wenig wie nötig bewegen, sonst wird das Ganze durch die Stärke der Kartoffeln zäh wie Kleister. Wir wollen und müssen die Bindung der Kartoffelstärke aber erst beim Backen nutzen. Die Grundmasse wird jetzt gewürzt und wer mit den Mengen unsicher ist – einfach langsam rantasten und probieren, bis es schmeckt. Nun die Lauchstreifen mit einem Holzlöffel unterheben und gut vermischt in eine Gratinform oder auch kleine Pfanne mit höherem Rand einfüllen und im Umluftbackofen erst zwanzig Minuten bei 180 Grad, dann noch mal zwei Minuten bei 120 Grad weiterbacken.

Zu diesem Lauchgratin passt praktisch alles. Es kann der cremig feine Mittelpunkt zum knackigen Wok-Gemüse sein, schmeckt ausgezeichnet zu Feldsalat oder anderen Salatvarianten und ist auch zu gebackenem Fisch oder geschmortem Fleisch der perfekte Partner.

Lauchgratin mit Fleisch

Auf diesem Foto habe ich unser Lauchgratin mit einem Kalbsko-
telett von einem meiner Bullenkälber kombiniert. Natürlich
könnte man dazu genauso gut ein Geschnetzeltes und nicht so
ein sehr teureres Bratstück wie das Kotelett reichen. Es ist sogar
bequemer und kann sehr schnell in der Pfanne zubereitet werden.
Ehrlich gesagt, haben wir uns bei diesem Foto für das Kotelett
entschieden, weil mein Freund und Fotograf Peter Knaup gerne
mal so ein schönes Stück Fleisch in Schwarzweiß inszenieren
wollte, was beim Fotografieren von Food gar nicht so einfach ist.
Und zweitens wollte ich uns auch mal mit dem köstlichen und
raren Kalbfleisch vom Falkenhof verwöhnen. Mit dem Stück auf
diesem Foto wurden drei Personen verköstigt. Weniger ist eben
mehr, vor allem auch wenn es vom Einfachen das Beste ist.

Pot-au-feu

Aus dem Pot-au-feu lassen sich genussvolle Varianten kreieren:

Das gekochte Beinfleisch kann man wie auf dem Foto mit dem Gemüse anrichten und servieren. Perfekt mit frisch geriebenen Meerrettich obendrauf.

Mit dem Gemüse kann auch ohne das Fleisch eine klare Gemüsesuppe serviert werden. Oder die Grundbrühe wird durchpassiert und dann zum Beispiel mit Schnittlauch verfeinert.

Das Restfleisch kann in Würfel oder Streifen geschnitten mit Essig, Öl und sauren Gürkchen verarbeitet werden. Dazu ein paar Bratkartoffeln – schnell, einfach, lecker.

Denken Sie einfach daran, bei den Mengen nicht zu klein anzufangen. Dieses Grund- oder Basisgericht erleichtert das Kochen enorm und spart mit diesen oder ähnlichen Varianten auch noch viel Zeit. Wichtig ist ein anständiger, größerer Topf, der eigentlich in jedem Haushalt sowieso zur Grundausrüstung gehören sollte. Der ist viel wichtiger als so manche unnötige Küchenmaschine, die auf Dauer meist nur viel Platz raubt.

Pot-au-feu, die einfache Variante

Für die Fleischliebhaber folgt nun die Beschreibung für eine einfache Pot-au-feu-Variante, für die man ein schönes Muskelstück oder zum Beispiel vier Beinscheiben aus der Haxe nehmen kann, auf unserem Foto natürlich vom Falkenhofrind.

An Gewürzen brauchen wir: Pfeffer- und Nelkenkörner, Liebstöckelblätter, das Grüne von der Sellerieknolle, Muskatabrieb, grobes Meersalz. Nelke und Lorbeerblatt

Als Erstes wird direkt auf der Herdplatte oder in der Eisenpfanne eine aufgeschnittene und auf der Schnittfläche quasi schwarz gebrannte Zwiebel als Färbungsmittel der Brühe hergestellt.

An Gemüse lässt sich Lauch mit Karotten, etwas von der Sellerieknolle und Zwiebeln kombinieren. Neben diesem Grundgemüse passen aber auch Teltower Rübchen, Pastinake, Petersilienwurzel, frische junge Maizwiebeln, Kürbis oder Zucchini dazu. Hier kann nach Lust und Laune variiert werden, beziehungsweise orientiert sich die Auswahl am Bestand des Kühlschranks.

Zum Ansatz der Brühe einen größeren Topf mit rund drei Liter Wasser befüllen. (Feiner würde es natürlich, wenn man schon mit einer Gemüsebrühe beginnt. Aber das sind Feinheiten, auf die man später zurückkommen kann, wenn das Spaßkochen so richtig begonnen hat.) Jetzt gibt man Gewürze und Kräuter ins Wasser, nicht aber das Salz. Wenn alles schon am Köcheln ist, kommen das Fleisch und die verschiedenen Gemüse dazu. Erst jetzt wird gesalzen. Bitte schön vorsichtig, nach und nach und immer wieder probieren. Zu wenig Salz ist kein Problem, zu viel davon dann allerdings ein sehr großes. Ich selbst salze fast immer sparsam. Ist es doch auch köstlich mit Fleur de Sel oder auch nur mit einfachem grobem Meersalz am Tisch und auf dem Teller nachzusalzen. Wenn man die Gemüse so ungefähr auf den Punkt gekocht haben möchte, sollte man am Herd bleiben. Oder Sie machen das wie die Profis: Bei dieser großzügigeren Variante lässt man Erstgarnitur oder Einlage einfach verkochen. Das jeweils vorher geschnittene, schönere Gemüse wird dann erst zum Schluss, wenn das Fleisch bereits gar ist, in die nun schon sehr leckere und vorher gesiebte feine Fleisch- und Gemüsebrühe zum Garen dazu gegeben. Das macht die Brühe natürlich noch viel besser.

Champignonragout

Das Champignonragout ist in der Alltagsküche auch ein feines Basisgericht, das zu unterschiedlichsten Beilagen und Anlässen serviert werden kann.

Die Zutaten sind schnell beisammen:
Wir brauchen etwa 300 Gramm frische Champignons, die wir kurz reinigen und waschen und dann je nach Größe halbieren oder vierteln. Dann wird eine kleinere Zwiebel in Würfel geschnitten und ein Bund frischer grüner Koriander grob gehackt.

Außerdem brauchen wir noch: fein zermahle Korianderkörner, eine zerriebene Knoblauchzehe, zwei zerriebene Nelkenköpfe, ein Lorbeerblatt, den Saft einer halben Zitrone, gutes Olivenöl, trockenen Weißwein sowie Salz und schwarzen Pfeffer.

Die Zwiebeln nun in etwas Öl und nicht zu heiß glasig andünsten. Dann die Champignons, etwas Weißwein, das Lorbeerblatt, Korianderpulver aus den Körnern, Knoblauch, Nelkenköpfe, Salz und Pfeffer dazugeben und alles schnell bei hoher Hitze im bedeckten Kochtopf etwa zehn Minuten durchgaren.

Das Ganze wird dabei sehr viel Flüssigkeit aus den Pilzen ansetzen. Anschließend gut umrühren, den frischen Koriander dazugeben und nun vorsichtig noch mal mit Olivenöl verlängern. Nachwürzen und, um das Gericht mit etwas Säure zu verfeinern, vorsichtig dosiert den Zitronensaft nach und nach beigeben.

Das Pilzragout kann mit Pasta, mit Reis, mit Kartoffelbrei oder auch als Suppe serviert und gegessen werden. Sehr lecker schmeckt das im Sommer auch kalt mit gerösteten Brotwürfeln, oder es kann beim Grillen als Beilage serviert werden. Für mich koche ich immer gleich etwas mehr davon, weil es einfach super schmeckt.

Linsensuppe

Eine schöne Linsensuppe gehört ins Repertoire einer schmackhaften und ausgewogenen Alltagsküche. Auch hier kann man freudig variieren, aber die klassischen Zutaten sind Fenchel, Karotte, Zwiebel, Staudensellerie und einige Kartoffelwürfel.

Die Linsensuppe

Eine schöne Linsensuppe gehört ebenso ins Repertoire einer schmackhaften und ausgewogenen Alltagsküche. Auch hier kann man freudig variieren, aber die klassischen Zutaten sind Fenchel, Karotte, Zwiebel, Staudensellerie und einige Kartoffelwürfel. Alles so klein gewürfelt, dass diese Gemüsezutaten, die doch sehr kleinen Berglinsen nicht völlig verschwinden lassen. Ich spreche hier von den feinen Alplinsen oder der französischen Variante, die ich für dieses Gericht auf jeden Fall der von mir so genannten deutschen Tellermine vorziehen würde – obwohl die gelben und grünen Sorten je nach Zubereitung auch sehr lecker schmecken.

Je nachdem, für wie viele Nasen man vorhat zu kochen, eignet sich eine Kaffeetasse oder ein Wasserglas zum Abmessen der Linsen. Man rechnet so ungefähr zwei Personen pro Tasse und das Doppelte der Menge für die verschiedenen Gemüsewürfel dann zusammen. Weiter geht es wieder mit einer Gemüsebrühe oder einfachem Wasser. Auch wenn diese Linsen vorher nur gewaschen werden und nicht langwierig quellen müssen, vergrößern sie ihr Volumen auf gut das Dreifache. Für zwei Portionen beginnen wir zunächst mal mit ungefähr eineinhalb Liter Flüssigkeit.

Genauso wie bei den Champignons nehmen wir auch hier ein Lorbeerblatt, Korianderpulver, Knoblauch und Nelkenköpfe zum Würzen – nur das frische Koriandergrün wird getauscht gegen Thymianzweige. Etwas Salz ist hierbei von Anfang an notwendig, richtig damit abgeschmeckt wird aber erst dann, wenn das Gemüse dazukommt.

Zunächst einmal werden nur die Linsen kalt und mit den Gewürzen und Kräutern aufgesetzt. Dann langsam köcheln lassen und zwischendurch das Auf- und Umrühren nicht vergessen. Man sollte öfter kontrollieren, ob die Flüssigkeit beim Aufgaren der Linsen ausreicht. Bei Bedarf etwas Wasser nachgießen. Sind die Linsen fast schon auf dem Punkt, also noch eben fest, kann das andere Gemüse nun mit dazugegeben und gargekocht werden. Ich mag die Linsen nicht zu hart haben, sonst sind die wirklich viel schwerer zu verdauen. Jetzt das Lorbeerblatt und die Ästchen des Thymians aus dem Topf herausangeln, abschmecken und servieren. Wer es gerne etwas schärfer mag, nimmt etwas Chiliöl und Olivenöl dazu und dann ab auf den Tisch.

Wenn von der Suppe etwas übrigbleibt, können die Reste ins Tiefkühlfach. Gerade bei Suppen lohnt es sich, immer etwas mehr zu kochen und sich einen kleinen Vorrat anzulegen, für die Tage, an denen die Küchenzeit leider sehr zusammengeschrumpft ist oder man wirklich mal keinen Bock mehr aufs Kochen hat.

Noch ein kurzer Tipp in Sachen Chiliöl: Auch dieses schnelle und sehr leicht zu dosierende Würzöl kann man locker selbst herstellen. Dafür brauchen wir eine kleinere, möglichst durchsichtige Glasflasche, die wir als Faustregel etwa zu einem Viertel mit trockenen und gemörserten oder grob gemahlenen Chilischoten befüllen. Dann wird die Flasche zu drei Vierteln mit einfachem Salatöl oder besser mit Traubenkernöl aufgefüllt, weil das höhere Hitzegrade aushält. Diese Mischung zwei Tage in der Küche rumstehen lassen und schon hat man eine super scharfe Würzkeule für viele Speisen – von der Pasta über Wok-Gemüse, unterschiedliche Reisvariationen oder Geflügelgerichte bis zum Eintopf.

Graupensalat

Super gutes, einfaches Gericht, ginge auch mit Buchweizen, Reis, Bulgur oder Quinoa. Graupen schmecken mir persönlich allerdings am besten.

Der Graupensalat

Graupensalat ist ein supergutes und einfaches Gericht, das man statt der Graupen auch mit Buchweizen, Reis, Bulgur oder Quinoa zubereiten kann. Mir aber sind die Graupen liebste Grundlage und Hauptzutat. Ich habe das Glück, einen wunderbaren Lieferanten und Hersteller dafür zu haben und das fast um die Ecke in »Hessisch-Sibirien«, am Vogelsberg. Von dort beziehe ich auch rund alle sechs Wochen mein wirklich perfekt gutes Leinöl. Immer gerade frisch und sehr schonend gepresst. Natürlich findet man diese Sachen aber auch auf dem Wochenmarkt. Graupen sind eine alte Gerstensorte, die früher und in ärmeren Zeiten als wichtiges Grundnahrungsmittel diente. Genauso das Leinöl, aber nicht, weil es so gesund war, wie man heute erst weiß, sondern weil in dieser Gegend die Leinfelder mit ihren herrlich blauen Blüten bestens gediehen und man diese Pflanze auch noch anderweitig sehr vielfältig zu nutzen wusste.

Die anderen Zutaten neben den Graupen:
Die Mengenverhältnisse der Zutaten sind hier sehr ähnlich wie bei unserem Linsengericht, an Gemüse kommen aber nur Karotten und Petersilienwurzel zum Einsatz, die aber bitte in noch kleinere Würfel geschnitten werden. Für das Auge wird das Ganze noch mit rohen, süßen, frischen gelben und roten Paprika aufgedonnert. Wichtig sind auch die Rosinen und groß zerhackte Walnüsse (ersatzweise und zur Abwechslung können auch Haselnüsse, Pinienkerne, Pistazien oder Mandeln zum Einsatz kommen). Etwas Weinessig oder als Alternative auch Limettensaft, der aber erst zum Schluss zum Anmachen und Abschmecken dieses tollen Salates dazukommt. Graupensalat ist sicherlich weniger ein einfaches »leichtes« Salatessen, als vielmehr ein richtig gutes und auch sättigendes Hauptgericht.

Das Ansetzen beginnt im flachen breiten Kochtopf oder einer größeren Pfanne mit höherem Rand. Die gewaschenen Graupen in etwas normalem Salatöl kurz anrösten und mit dem Holzlöffel dabei drehen. Nun immer wieder kurz und nicht zu viel von der heißen Gemüsebrühe oder dem heißen Wasser nachgießen und unter ständigem Rühren auf stärkerem Feuer so behandeln, wie ein normales Risotto das auch erfordert. Währenddessen darf man sich und seinen Gästen natürlich gerne schon mal ein Glas Wein genehmigen. Nach etwa fünfzehn Minuten nun auch das klein gewürfelte Gemüse bis auf die Rosinen und die Paprikawürfel dazugeben, schön weiter rühren und weitergaren. Jetzt die Hitze etwas reduzieren und nach weiteren zehn Minuten mal ein Graupenkorn zum Probieren herausnehmen. Die Graupen sollen gar, aber nicht matschig sein und einen leicht festen Kern in der Mitte haben. Vor diesem Garpunkt noch mal etwas Brühe oder Wasser aufgießen, vom Feuer nehmen und Deckel drauf. Sich selbst und dem Graupenrisotto nun erst mal eine gut zehn- bis fünfzehnminütige Pause gönnen. Dann mit Salz und Pfeffer abschmecken oder auch vorsichtig und tropfenweise mit etwas Chiliöl. Auch immer mal prüfen, ob der perfekte Garpunkt erreicht ist und dann raus aus dem Topf und rein in eine größere Schüssel geben. Wenn die Graupen nur noch lauwarm sind, die Rosinen und Paprika untermischen und danach mit Leinöl und Essig oder Limettensaft würzen. Obendrauf noch mit etwas gehackter Petersilie und Leinsamen garnieren. Das ist Genuss pur! Und endlich mal ein Salat, der es in sich hat. Nichts für weibliche wie männliche Hungerhaken, die immer noch der Meinung sind, leichte und nichtssagende Lebensmittel ohne Inhalte seien gesund und halten fit.

Bratkartoffeln mit Garnelen

Zu den Resteklassikern im Kühlschrank gehören ja auch Pellkartoffeln. Für mich gehören Bratkartoffeln in die Kategorie »Königsdisziplin«.

Bratkartoffeln mit Garnelen

Zu den Resteklassikern im Kühlschrank gehören ja auch Pellkartoffeln. Übrig geblieben vom Wochenende. Wunderbar, daraus lassen sich auch noch am Dienstag oder Mittwoch leckere Bratkartoffeln machen. Für mich gehören Bratkartoffeln in die Kategorie »Königsdisziplin«. Im Ernst, denken Sie bitte mal zurück, wie oft Ihnen schon in Ihrem Leben in irgendeinem Restaurant mittelmäßige bis richtig miese Bratkartoffeln vorgesetzt wurden. Die Bratkartoffel ist ein schönes Beispiel dafür, dass das Einfache oft am schwersten ist. Die idealen Voraussetzungen für perfekte Bratkartoffeln bringen tatsächlich Pellkartoffeln mit, die einen Tag geruht haben, bevor sie weiterverarbeitet werden. Also beim Kartoffeln kochen immer mal ein paar Peller mehr machen, man weiß ja nie. Ich favorisiere für Bratkartoffeln die mehlig kochende Sorte. Es ist damit nicht gerade leichter, knusprig gebratene Bartkartoffeln hinzukriegen, aber sie schmecken besser. Nehmen Sie einfach die, die Ihnen am besten schmecken. Nur in der Zeit, wenn die alten Kartoffeln aus dem letzten Jahr langsam zu trocken werden, die neuen Kartoffeln noch nicht da sind, nehme ich halb und halb auch Festkochende dazu. In diesem Zeitraum ist die Gefahr größer, nur einen größeren und kräftig gebackenen Kartoffelfladen oder -kuchen in der Pfanne zu haben. Das schmeckt zwar auch, lässt sich aber nicht mehr als richtig tolle Bratkartoffel verkaufen. Zentral für das Gelingen der Bratkartoffeln ist eine gute Pfanne. Im Alltag besser und leichter ist es, eine beschichtete Pfanne zu nehmen. Die »laufen« halt besser, wie der Profi das so sagt. In der Profiküche haben wir meist auch eine oder gleich mehrere spezielle Pfannen nur zum Bratkartoffeln machen. Das lohnt sich echt, wenn man ein Bratkartoffelfan ist.

Also: Die gepellten Kartoffeln schön dünn in nicht zu große Scheiben schneiden. Die können ruhig auch unregelmäßig, mal etwas dicker oder dünner sein. Die Kartoffeln dann in die heiße Pfanne geben, in die wir kurz zuvor am besten Traubenkernöl geben, von dem wir ja wissen, dass es hitzestabiler ist als viele andere Speiseöle. Ab jetzt werden die Kartoffeln immer wieder auf der Flamme oder Hitze geschwenkt und bewegt. Kartoffelstücke, die zwischendurch mal festbacken, einfach wieder mit der Holzspachtel lösen und weiter geht es. Das kann schon eine Weile so gehen. Wenn Sie mit nicht zu viel Hitze arbeiten, können Sie die Pfanne auch getrost mal aus den Augen lassen. Am besten und knusprigsten werden die Dinger ja bekanntlich, wenn man sie viel zu früh angesetzt hat. Ganz schwer ist es, wenn man zu spät damit anfängt: Kurz und schnell, das funktioniert bei Bratkartoffeln nicht so gut. Die Bratkartoffeln werden erst ganz am Schluss, wenn kein Öl mehr in der Pfanne zu sehen ist, mit Salz und schwarzem Pfeffer aus der Mühle gewürzt. Sie können so pur auf den (am besten warmen) Teller oder lassen sich zum Beispiel mit Hilfe einer kleineren »Butterflocke« und einigen Mai- oder Frühlingszwiebelringchen verfeinern.

Bratkartoffeln passen ja zu unendlich vielen Gerichten, können aber natürlich auch eine sehr köstliche Hauptspeise sein. Mit frischem Rahmjoghurt oder gar dem von mir sehr geliebten badischen »Bibiliskäs«, einer kräftigen, rahmigen Frischquarkzubereitung mit Zwiebel, Knoblauch und Schnittlauch. Das mundet auch wirklich ganz ohne Fleisch. Für unser Foto habe ich die Bratkartoffeln mit Riesengarnelen (bitte keine Zuchtgarnelen kaufen!) kombiniert, die in Butter und Olivenöl vorsichtig angegart werden, nicht zu durch, so bleiben sie viel saftiger und geschmacklich wertvoller. Weil sie auf dem Punkt aus der Pfanne genommen und in den Teller kommen sollen, ist es gut, etwas kleingehackte Petersilie und etwas fein geriebenem Knoblauch vorzubereiten. Beides am Schluss in die Pfanne geben und kurz durchschwenken und dann mit etwas Limetten- oder Zitronensaft, Meersalz und schwarzem Pfeffer abschmecken. Guten Appetit!

Rosenkohl

Zu dem Rosenkohl auf unserem Foto gab es auch für die
Fotomannschaft etwas Steakfleisch von einem Falkenhofrind.

Rosenkohl

Der Rosenkohl, mein liebster Kohl von allen! Im Spätjahr ein absolutes Muss, weil er zur kalten Jahreszeit einfach super passt und sich in unserer Alltagsküche ganz einfach vorbereiten lässt.

Der Deutsche neigt ja im Allgemeinen gerne zu groß und schwer. Ich habe jedenfalls noch in keinem anderen Land so dicke Boller gesehen wie bei uns. Versuchen Sie, Rosenkohl nach Möglichkeit klein und fein zu bekommen, der schmeckt viel delikater.

Nach dem Putzen werden die äußeren Blätter, wenn nötig, abgeschnitten und dann die Röschen je nach Größe in wenig heißem Salzwasser blanchiert, also kurz angegart. So bleibt die schöne Farbe erhalten und es dient auch dem Geschmack wie dem besseren Anbraten, das jetzt als zweiter und letzter Arbeitsgang folgt. Jetzt also etwas mehr hitzebeständiges Öl in die großflächige Pfanne und kräftig dunkel braten. Gewürzt wird erst am Ende ganz simpel mit Salz, Pfeffer und Muskat. Damit man dieses herrliche und sehr preiswerte Gemüse im Winter nicht so schnell satthat, kann man bei Rosenkohl aber durchaus auch mal tiefer in die in Gewürzkiste greifen und bis nach Indien gehen, mit Currys, Chili, Bockshornklee und Kurkuma.

Zu dem Rosenkohl auf unserem Foto gab es auch für die Fotomannschaft etwas Steakfleisch von einem Falkenhofrind. Eine Gewürzmischung, die ich bei kurz gebratenem, dunklem Fleisch fast immer verwende, besteht zu gleichen Teilen aus schwarzen Pfefferkörnern, Kümmel und Korianderkörnchen. Alle zusammen kurz in der Pfanne trocken anrösten und fein mörsern. Das ergibt ein wunderbares Würzpulver, das auch auf dampfendem, frisch gekochtem Reis sehr gut zur Geltung kommt.

Auf dem Weg zu einer ehrlichen Küche

Je mehr ich mich in den letzten zwanzig Jahren dem Einfachen genähert habe, desto klarer habe ich erkannt, dass wir damit von einem ganzheitlich gedachten Konzept sprechen. Mein Ziel ist eine echte Wertumkehrung: Bestes Gemüse als die Hauptsache beim Essen, mit artgerechtem Fleisch als Beilage.

Als ich mit der *Adler Wirtschaft* angefangen habe, lag mein Hauptaugenmerk darauf, die richtigen Lieferanten, Händler und Züchter zu finden, die ich alle persönlich besucht habe, um ihr Herstellungsverfahren zu überprüfen und ihnen meine Qualitätsvorstellungen zu vermitteln. Aus den ersten Anfängen mit ein paar Hühnern im Schrebergarten entwickelte sich dann die Idee mit dem Falkenhof. Heute stecken hier viele Jahre Erfahrung drin, die wir Schritt für Schritt gesammelt haben. Mit der Entscheidung meines Sohnes, als Küchenchef die *Adler Wirtschaft* zu übernehmen, ist uns dann ein rechtzeitiger und geordneter Generationswechsel geglückt und wir konnten darüber hinaus gemeinsam auch unser nächstes Ziel in Angriff nehmen – in der *Adler Wirtschaft* ganzjährig nur noch das Fleisch vom Falkenhof auf den Tisch zu bringen. Das ist ganz schnell gesagt, aber in der Umsetzung gar nicht so leicht, denn blöderweise muss sich das Ganze am Ende auch irgendwie rechnen. Wir leben schließlich davon.

Auf dem Falkenhof sind wir dem Rhythmus der Jahreszeiten unterworfen. Alles hat seine Zeit, aber es läuft längst nicht immer so, wie ich mir das gerade denke. Die Natur lässt sich eben nicht planen wie die Mastprozesse in der Fleischfabrik. Im letzten warmen Winter mussten wir zum Beispiel bis weit in den Februar hinein warten, bis wir endlich mal ein paar Tage Bodenfrost hatten, um den Mist auf unseren Weidewiesen auszubringen. Mist, der ein Jahr kompostiert ist, um die Böden zu düngen. Die Wiesen waren viel zu weich und nass, um mit dem Traktor drüber zu fahren. Deshalb läuft mir dann an dieser Stelle der Misthaufen über, weshalb wir jetzt einen zweiten überdachten Misthaufen bauen müssen. Die Folgen des Klimawandels kommen bei uns sehr direkt an – der Mastfabrik ist das völlig egal, denn dort findet Natur nicht mehr statt.

Mein Sohn, der sich inzwischen auch sehr gut auskennt, meint, dass wir noch mehr für die Böden tun sollen. Vielleicht noch eine Streuobstwiese anlegen. Da ist an vielen Stellen noch Luft nach oben, aber wir werden immer eine Balance zwischen Wunschdenken, Machbarkeit und Ökonomie finden müssen, ohne bei der Qualität, dem zentralen Kern unserer Idee, Kompromisse einzugehen. Manchmal bestimmt ganz einfach die Natur unsere Planung. Wenn ich plötzlich zu viele Bullen oder junge Eber habe, bin ich gezwungen zu überlegen, ob ich nun demnächst Spanferkel mache oder Kalbfleisch. Meine ausgewachsenen Schweine haben ungefähr zwanzig Prozent pures Fett, das oben auf den Rippen sitzt. Dieses Fett verarbeiten wir in der Blutwurst und im Presskopf, oder wir machen damit Schmalz. Daraus lässt sich dann zum Beispiel eine Rillette kreieren, also ein im Schmalz verkochtes Schweinefleisch. Dieses Pulled Pork wurde früher schon bei uns in Oberbergen in Schmalz zubereitet, Zwiebelchen und Äpfel dazu und in einem großen Steintopf in den Keller gestellt. Und wenn dann abends Bratkartoffeln gemacht wurden, hat man die erst mal im Schmalz gebraten und zum Schluss hat meine Mutter einen großen Löffel von der Rillette aus dem Keller geholt und mit den Bratkartoffeln vermischt. So hast du dann den Geschmack von Fleisch bei den Bratkartoffeln. Das Gleiche machen übrigens auch die Franzosen.

Als Nächstes wollen wir mit ein paar Kaninchen und Lämmern anfangen, aber auch das braucht genauso seine Zeit wie die Kreuzung meiner Charolais- und Limousin-Rinder und weil ich meinen Tieren auch die Zeit zur natürlichen Entwicklung gebe, ist unser Weg bis zur Schlachtreife deutlich länger. Außerdem setzt uns der Falkenhof mit seinen rund vierzehn Hektar eine natürliche Kapazitätsgrenze. Das Ergebnis unserer Arbeit auf dem Falkenhof ist also ein mengenmäßig begrenztes Qualitätsprodukt, für das man zwangsläufig einen höheren Preis aufrufen muss. Doch wo liegt, auch für unsere Gäste, der faire Preis für ein Produkt, das sich wie ein handgemachtes Unikat nicht beliebig multiplizieren und vermehren lässt?

Wir müssen flexibel bleiben, denn im Zusammenspiel mit den natürlichen Bedingungen gibt es einfach zu viele Variablen, die wir nicht beeinflussen können oder wollen. »Weißt du«, sagt mein Sohn zum Beispiel, »ich stehe eigentlich die ganze Zeit in einem Konflikt. Wir können nicht über die Masse gehen, aber wollen auch um keinen Preis zu einem teuren und exklusiven Luxusladen werden. Also ziehen wir es noch kleiner auf und schauen, wie wir über die Qualität unser Ziel erreichen. Ich glaube aber, egal wie wir es machen, das Essen, das wir auf den Tisch bringen, darf nicht zu teuer werden.« Natürlich wäre es utopisch zu glauben, dass wir so zur täglichen Adresse für jedermann werden können, aber unsere Gäste sollen nachvollziehen können, was wir mit unserer Philosophie bezwecken. Warum wir so arbeiten, wie wir es tun und warum wir davon überzeugt sind, dass unser Verwertungskreislauf zwischen Falkenhof und *Adler Wirtschaft* nicht nur ökologisch und für unsere Tiere sinnvoll ist, sondern auch die Grundlage für eine einmalige Qualität und einen außergewöhnlichen Genuss ist. Mein Sohn hat das mal ganz gut auf den Punkt gebracht: »Die Qualität, die wir auf den Tisch bringen, ist schon alleine deshalb erklärungsbedürftig, weil sie anders ist als das, was man heute als normal bezeichnet. Und egal, ob das jetzt unser Fleisch vom Falkenhof ist oder eine rein vegetarische Zubereitung – es soll ehrlich gekocht sein. Etwas, was man nicht mehr zu Hause macht, weil man die Zeit nicht hat, weil man es nicht mehr kann und viel zu oft zu irgendwelchen Fertiggerichten greift. Ich kann mir das wirklich vorstellen, mit wesentlich weniger Fleisch. Eigentlich denke ich, die Küche, die wir in Zukunft bieten, ist pflanzlich geprägt, das Fleisch vom Falkenhof ist das i-Tüpfelchen, der Tribut an unsere Reißzähne. Ein Restaurant, in dem sich der Vegetarier nicht ausgegrenzt, sondern willkommen fühlt und kulinarisch überrascht wird, in dem aber auch der Fleischesser wirklich auf seine Kosten kommt. Warum soll man nicht beides versöhnen können, statt auf dem Kriegspfad unterwegs zu sein. Ein Restaurant, in dem der Vegetarier auch ein tolles Gemüse serviert bekommt und wir dem Fleischesser zeigen können, dass 400 Gramm Fleisch nicht nötig sind, vielleicht auch 100 Gramm reichen, die in unserer Top-Qualität auch gehaltvoller sind. Eine echte und ehrliche Küche. Diese Ehrlichkeit ist ein gutes Label und unser Fleisch auch ein Alleinstellungsmerkmal.«

Ich bin da ganz auf seiner Seite. Mal ein Beispiel: In der Metro beobachte ich, wie palettenweise Ersatzbutter verkauft wird. »Phase professional« heißt das Zeug und wird als Alternative zur echten Butter angeboten, ist aber nichts anderes als gestreckte Butter mit hohem Anteil an gehärtetem Pflanzenfett, kostet dreißig Prozent weniger und ist auch optisch ein Beschiss dazu. Die Packung sieht aus wie echte Butter, nur fehlt einzig und alleine das Wort »Butter« darauf! Hier beginnt dann die Quadratur des Kreises: Wenn du es betriebswirtschaftlich siehst, musst du dich beim Einkauf entscheiden, ob du dreißig Prozent sparst oder ob du fast das Doppelte an Umsatz machen willst, um einen höheren Einkaufspreis einzuspielen. Aber wo bleibt die Ehrlichkeit, wenn du eine Hollandaise mit »Phase« statt mit echter Butter machst. Das steht ja nicht auf der Karte und deine Gäste merken es vielleicht auch gar nicht. Oder nehmen wir das Beispiel Vanillesoße. In der FAZ stand kürzlich, dass echte Vanille um 380 Prozent teurer würde. Den Eisdielen kann das völlig egal sein, weil sie sowieso ein Ersatzprodukt verwenden, das nichts mehr mit dem natürlichen Produkt zu tun hat. Deshalb müssten auch die Verbraucher nicht befürchten, dass ihr Vanilleeis jetzt unbezahlbar wird. Schon wieder eine Illusion, mit der die Verbraucher hinters Licht geführt werden. Das ist nichts anderes als das Märchen vom Billigfleisch. Wenn aktuell vermeldet wird, dass sich multiresistente Keime rasant in fließenden Gewässern und Badeseen ausbreiten, dann greife ich mir wirklich an den Kopf. Jetzt tun alle überrascht, dabei kennen wir die Ursachen. Wir wissen, dass die Tonnen von Antibiotika, die in den Mastfabriken eingesetzt werden, eine zentrale Ursache für diese Resistenzen sind und wie lange wird es wohl dauern, bis diese Keime nicht nur in Bächen und Flüssen, sondern auch in unserem Trinkwasser zu finden sind. Die heute schon viel zu hohen Nitratwerte darin, verursacht durch Kunstdünger und viel zu viel Gülle, sind ein weiteres selbst verursachtes Problem. Das sind die wahren Kosten für Billigfleisch, das auf Dauer krank macht und trotzdem hoch subventioniert wird, damit die Bevölkerung die Klappe hält und ihr superbilliges großes dickes Schnitzel auch weiterhin essen kann.

Wenn wir diesen Weg nicht einschlagen und in Zukunft unser nachhaltiges Konzept konsequent umsetzen wollen, dann müssen wir auch in unserem Restaurant, mit unserer Speisekarte und unseren Gästen einen Prozess des Umdenkens einleiten. Mit viel und hauptsächlich Fleisch im klassischen Hauptgericht wird das nicht funktionieren. Wir können und wollen auf dem Falkenhof nicht so viel produzieren. Wir müssen also die Gewichtung verschieben, was nicht ganz reibungslos ablaufen wird. Es wird auch Gäste geben, die sagen: »Ich will mein Fleisch aber so haben, reichlich und viel davon.« Das können diese Gäste auf Wunsch auch gerne weiterhin kriegen, müssen dann aber auch den höheren Preis akzeptieren. Bei einigen wird das vielleicht so sein, sicher aber nicht bei allen. Wir werden erklären, vermitteln und hoffentlich viele mit Geschmack und Genuss überzeugen. Unser Konzept funktioniert eben nicht wie diese Hamburgerbude aus Frankfurt. Für ihren ersten Laden hatten die ausschließlich das Fleisch bei meinem Charolais-Metzger gekauft und ihre Hamburger »mit Fleisch aus der Region« angeboten. Jetzt haben die inzwischen fünf Filialen, wollten große Mengenrabatte und Preisnachlässe, die für meinen Metzger aber nicht möglich waren. Ehrlich produziertes Fleisch aus der Region hat eben auch natürliche Grenzen. Der Werbespruch musste denn auch weg – die Burgerbuden laufen aber weiterhin. Klar, wer achtet da schon drauf?

Ich habe jedenfalls keine Lust darauf, meinen Gästen etwas vorzumachen, bei den Grundprodukten wegzuschauen, zu sparen, langsam zum Zyniker zu werden und schlechtere Grundprodukte zu kochen, nur um mehr Profit zu machen. Wie viele Gastrobetriebe verarbeiten heute Alternativ- oder Fertigprodukte? Wer schält seine Kartoffeln noch selbst? Bei meinem Gemüsehändler gibt es einen ganzen Kühlraum mit fertig geputzten Salaten oder geschälten Karotten und Kartoffeln. Da gibt auch fertigen Kartoffelsalat, geschnittene Petersilie und gehobeltes Kraut. Das wird von Gastronomen gerne gekauft, weil sie keine Zeit mehr haben, das selbst zu machen. Wenn wir unseren Weg konsequent gehen wollen, können wir so nicht denken oder handeln. »Vom Einfachsten das Beste« – Franz jun. und ich, wir wissen beide sehr genau, dass das Einfache in der Küche oft auch das Schwerste ist. Da kannst du dich weder verstecken noch bescheißen, deine Gäste nicht und auch nicht dich selbst. So verstehen wir Gastronomie und nicht anders!

Aus Respekt vor dem Tier, das sein Leben für unser Fleisch gelassen hat, verwerten wir das ganze Tier. Auch das macht eine Menge Arbeit. Mein Sohn könnte sein Fleisch doch auch bei irgendeinem Toplieferanten kaufen, und zwar genau das, was er braucht, und pfannenfertig vorbereitet. Wenn man ein ganzes Tier verwertet, sieht die Sache ganz anders aus. Ich muss es schlachten und zerlegen und für jedes Stück gibt es eine andere Machart, um es perfekt zuzubereiten. Ich erhalte dann auch nicht nur die beliebten Steaks oder Filets, sondern muss mir genau überlegen, was ich mit den anderen Teilen anfange. Ein geschmortes Burgunderfleisch oder Gulasch, die Roulade aus der Oberschale. Da gibt es dann auch Nörgler, denen so ein Stück Fleisch mal zu trocken ist. Meine Oma hätte sofort geschimpft: »Dem gehört die Zunge geschabt!« Ich denke, wir müssen das kommunizieren. Wenn man anständiges Fleisch essen will, muss man das ganze Tier sehen. Auch das gehört zur Ehrlichkeit und die meisten unserer Gäste verstehen das und finden es richtig, was wir machen.

Natürlich wollen wir für die gute und reichliche Arbeit, die wir machen, auch Geld verdienen, davon leben wir schließlich. Das sollte selbstverständlich sein, ist es aber nicht. Doch nicht nur das Geld ist maßgeblich, sondern auch die Lebensqualität unserer Mitarbeiter und unsere eigene. Mein Sohn Franz hat das bei seinem Großvater noch kennengelernt. Der alte Patriarch bestand darauf, dass es vor jeder Mittag- und Abendschicht immer ein Essen für das komplette Personal gab. Da saßen alle am Tisch und es gab auch keine Ausnahmen, alle mussten im Sitzen essen und es stand auch immer eine Flasche Wein auf dem Tisch. Diese Tradition möchten wir bewahren. Es ist nicht nur der Acht-Stunden-

Tag, den wir nun endlich auch wollen, sondern es geht darum, dass auch hinter den Kulissen wieder mehr Ruhe und Menschlichkeit reinkommt. Wie soll man auf Dauer auch gute Laune verbreiten, wenn man ständig ein Getriebener ist?

Folgerichtig basiert unser Qualitätsbegriff also auch auf dem Prinzip: Weniger ist mehr. Was die Sache mit der Ökonomie nicht leichter macht, denn natürlich stellt sich irgendwann die Frage, welche Auswirkungen diese Idee einer ehrlichen Küche auf die Struktur unseres Restaurants, auf unsere Speisekarten, unsere Menüs und unsere Mannschaft hat. Mein Oberkellner kam mal irgendwann mit der Idee zu mir, wir könnten doch die Sommerterrasse im Winter wie eine Art Wintergarten verschließen, um so viel mehr Platz für unsere Gäste zu gewinnen. Seine Anregung war in gewisser Weise berechtigt, da wir bisher an den Samstagen nicht selten 75 Gäste unterbringen müssen, obwohl wir eigentlich nur 56 Plätze haben. Ich habe dann aus Spaß zu ihm gesagt: »Ich habe noch eine bessere Idee: Wir machen so eine Art Fress-Disko! Am Samstag haben die Leute Zeit und am Sonntag können sie ausschlafen. Wir jagen hier einfach mit ein paar schönen Mädels im Service am Samstag von 21 Uhr bis in die Morgenstunden 300 Gäste durch und den Rest der Woche machen wir zu.« Wie gesagt, ein Scherz – der allerdings hatte einen wahren Kern: Überall in der Gastronomie ist der Samstag der beste Tag. Unter der Woche hast du vielleicht nur die Hälfte der Gäste, aber du musst deinen kompletten Apparat trotzdem aufrechthalten. Auch das zeigt: Das Eis, auf dem wir uns bewegen, ist wirklich dünn.

Nach vielen Gesprächen und kontroversen Diskussionen haben Franz jun. und ich beschlossen, wirklich loszulegen und neu zu starten. Wir wollen alles zurückschrauben, um nicht am Ende gezwungen zu sein, an der zentralen Stelle Kompromisse einzugehen: bei der Qualität der Speisen! Das bedeutet für unser Restaurant: weniger Tische, weniger Personal und auch weniger Arbeitstage. Wahrscheinlich wird die *Adler Wirtschaft* in Zukunft Sonntag, Montag und Dienstag geschlossen bleiben. Ich habe das früher schon mal eine Zeitlang gemacht und es gab damals so einige, die dachten, ich hätte keinen Bock mehr. Aber schon damals habe ich den Leuten gesagt: »Meine lieben Gäste, ihr irrt euch. Wir arbeiten an den vier Tagen in der Woche mehr als 52 Stunden, also haben meine Mitarbeiter zwei Tage frei und am dritten Tag feiern sie ihre Überstunden ab. Ich muss an diesem freien Tag schon wieder einkaufen, organisieren und meine Buchhaltung machen.«

Wir arbeiten nicht weniger, sondern wir spezialisieren und konzentrieren uns auf unsere Stärke – auf das, was auf dem Teller liegt. Ich sehe uns da auf einer Linie mit dem Handwerk, auch dort wird immer mehr auf spezielle Bereiche spezialisiert, könnte man doch dort sonst nicht überleben. Kochen ist tatsächlich aber ein sehr komplexes Handwerk und mit Pfusch kommt man nicht weit, wenn man wie wir eine ehrliche Genussküche anstrebt.

Ich habe immer für meine Sache gebrannt und für meine Läden gelebt. Da kam vieles zu kurz. Als Koch ein ausgeglichenes Leben zu führen, ist wirklich schwierig. Als ich in Frankreich war, fand ich meine Chefs super. Die haben nicht links geguckt und nicht rechts, die haben ihr Ding einfach durchgezogen und es war ihnen auch scheißegal, ob wir zehn Stunden und mehr in der Küche standen. Ich war so motiviert, dass ich oft noch zu früh gekommen bin, weil ich wusste, wenn ich nicht früher komme, dann schaffe ich meinen Teil am Gesamtkunstwerk Sterne-Menü nicht. Für Bocuse und alle anderen in der Liga hat nur das immer gleiche und perfekte Produkt auf dem Teller gezählt. Alles andere hat niemanden interessiert. Das kann man durchaus radikal nennen und man braucht ein starkes Ego, um sich durchzusetzen. Sowohl in der eigenen Küche, als auch im Wettbewerb mit den

Kollegen. Und wenn du dann Erfolg hast, dann musst du wirklich aufpassen, dass du die Bodenhaftung nicht verlierst. Wenn ich heute meinen Sohn beobachte, sehe ich viele Gemeinsamkeiten, aber auch klare Unterschiede. Der Junge hat in den letzten Jahren auch wie ein Bekloppter gearbeitet. Ich spüre bei ihm die gleiche Leidenschaft fürs Kochen und eine ungebrochene kreative Lust. Auch er hat während seiner Ausbildung nicht nur die familiäre Tradition in Oberbergen kennengelernt, sondern auch die aktuelle Sterneküche bei guten Lehrmeistern wie Joachim Wissler, Anibal Strubinger oder Vincent David. Mal abgesehen von der extremen Arbeitsbelastung, an der sich in der Sterne-Liga bis heute nichts geändert hat, konnte er sich auf Dauer nicht mit dem Umgang mit Lebensmitteln anfreunden, der in der Sterneküche leider auch üblich ist. Da werden zum Beispiel drei Kilo Schnittlauch aus Israel eingeflogen und dann werden nur die obersten Spitzen abgeschnitten und der Rest landet in der Tonne. Ist das bei allem Hang zur Perfektion noch ethisch vertretbar? Fragen wie diese muss man sich immer wieder stellen. In Frankreich gibt es inzwischen ja auch einige gute junge Köche, die in Sterneläden gekocht haben und jetzt in die andere Richtung gehen. Die mieten sich für wenig Geld irgendwo auf dem Land eine kleine Kneipe, kochen eine regionale Küche und fangen auch im Preissegment ganz unten an. Und dann kann man ja so langsam mal am Stammtisch erzählen, wo man überall war und kocht dann vielleicht einfach einmal in der Woche ein wirklich tolles Menü. Ein ähnliches Prinzip habe ich damals schon bei Hans Beck in Freiburg kennengelernt.

Für unser neues Konzept in der *Adler Wirtschaft* haben wir meine Ursprungsidee einer »Plat du Jour« neu aufgesetzt und weiterentwickelt. Im Grunde genommen gibt es in der *Adler Wirtschaft* jetzt kein klassisches Tagesgericht mehr, beziehungsweise können sich unsere Gäste ihr Tagesgericht je nach ihrer persönlichen Genusspräferenz und ganz nach Lust und Laune selbst zusammenstellen. Das Prinzip funktioniert ganz ähnlich wie bei den spanischen Tapas. Wer eine vegetarische Küche vorzieht, kombiniert vielleicht eine gegrillte Aubergine mit Bulgursalat und Ziegenkäse mit marinierten Champignons und einem Kräuter-Risotto mit Weißweinsoße und Kohlrabischnitzel. Die Fleischgenießer wählen stattdessen geschmortes Limousin-Rind mit Gemüsepüree oder ein schönes Stück Wild aus dem Sauertal. Obwohl wir das Rad ein Stück zurückdrehen, ist der Kreativität in der Küche keine Grenze gesetzt und unsere Gäste können immer wieder neue Genussvarianten entdecken.

Neulich meinte ein Gast, der mich in meiner Falkenhof-Küche so voll in meinem Element erlebt hat: »Sie müssen ein glücklicher Mensch sein.« Glück ist ein großes Wort, habe ich da gedacht. Wenn ich es für mich definieren müsste, würde ich sagen, ich freue mich heute, dass ich sehr nah an dem dran bin, was ich wirklich wichtig finde. Noch mehr würde ich mich freuen, wenn unsere Idee, den Falkenhof und die *Adler Wirtschaft* in einem naturnahen Verwertungskreislauf zu verbinden, wirklich aufgeht. Vollendeter Genuss ist für mich eben nicht nur eine rein sinnliche Erfahrung. Es geht hier auch um körperliches und geistiges Wohlbefinden und es geht um die Verantwortung, die wir für die Natur, für die Tiere, die uns anvertraut sind und für unsere Gäste tragen. Ich kann meinen Gästen sehr genau erklären und auch zeigen, wie ihr Essen vom Land auf den Teller kommt. Und diese Frage müssen sich die Landwirtschaft, die Politik und auch die Verbraucher wirklich ernsthaft stellen. Wie lange wollen wir denn die perversen und mörderischen Produktionsbedingungen noch akzeptieren, die unsere Umwelt zerstören und die Bevölkerung krank machen? Wie lange wollen wir noch tatenlos zuschauen beim großen Insekten- und Artensterben? Nitrat im Trinkwasser, multiresistente Keime im Fleisch – warum rennen hier nicht Millionen aus Protest auf die Straße? Warum ist selbst eine Partei wie die Grünen, die doch mal irgendwann als ökologische Alternative angetreten ist, nicht in der Lage, einen radikalen Masterplan für eine Wende in der Agrarpolitik aufzustellen? Wahrscheinlich, weil auch sie längst im starken Lobby-Filz gefangen sind. Sechzig Milliarden Euro Subvention und damit rund vierzig Prozent des EU-Haushaltes werden jährlich an die Landwirtschaft ausgeschüttet. Doch was wird damit subventioniert?

Der Naturschutzbund Deutschland hat in einer repräsentativen Meinungsumfrage festgestellt, dass sich 78 Prozent der Deutschen eine Agrarsubvention wünschen, bei der sich die Fördergelder für die Landwirtschaft nach dem Beitrag richten, den der Landwirt für die Gesellschaft, also für den Natur- und Umweltschutz leistet. (Ich würde auch noch den Gesundheitsschutz mit einbeziehen.) Wenn das so wäre, dann müsste hier bei mir ja richtig die Kasse klingeln. Aber ich befürchte, dass ich darauf noch lange warten kann. Statt echter Reformen und einem grundlegenden Wandel wird wahrscheinlich weiter an kosmetischen Reparaturen gearbeitet. Aktuell herrscht ja große Panik vor der afrikanischen Schweinepest. Der Bauernverband hat sofort gefordert, siebzig Prozent aller Wildschweine in Deutschland zu erschießen. Schon diese Idee ist ziemlich realitätsfern und absurd, denn die Wildschweine sind viel zu clever, um sich in dieser Menge jagen zu lassen. Doch auch hier geht es eigentlich nur um eine Frage: Wie kann ein Produktionsstopp und Exportverbot für deutsche Mastschweine verhindert werden? Was passiert, wenn die Schweinepest bei einem Hausschwein festgestellt wird? Dann wird ein Sperrbezirk mit einem Radius von drei Kilometern eingerichtet, alle Schweine werden gekeult, die Ställe desinfiziert, und im Idealfall kann nach 45 Tagen vermeldet werden, der Bezirk ist pestfrei und wir können munter weiterproduzieren. Die richtige Frage wäre aber: Warum müssen wir zwanzig Prozent unserer Schweine exportieren, die wir sowieso nur in dieser Menge produzieren können, weil wir alle Schäden und Nachteile für Natur, Umwelt und Gesundheit billigend in Kauf nehmen? Und an dieser Stelle nutzt es auch mir nichts, dass ich sagen kann, ich gehe meinen eigenen Weg. Auch der Falkenhof ist keine Insel, sondern steht in der direkten Verbindung mit der ihn umgebenden Natur. Wenn im Wispertal ein Wildschwein mit der Schweinepest infiziert ist, dann geht es auch meinen sorgsam gepflegten Bunten Bentheimern an den Kragen, und außer Fluchen kann ich nichts dagegen tun.

Essen ist die Essenz unseres Lebens. Das müssen wir uns immer wieder klarmachen. Und wenn wir das erst einmal verinnerlicht haben, werden wir auch die richtigen Schritte gehen. Wir haben es selbst in der Hand, die Kontrolle über unser Essen wieder zurückzugewinnen. Am besten fangen wir gleich heute damit an. Also ab in die Küche und die Pfannen fliegen lassen!

Danke!

Mein großes »Danke« geht an Astrid, Johannes, Peter, Céline und Franz, denen ich bei der Arbeit an diesem Buch sicherlich schwer auf den Geist gegangen bin. Danke für eure Geduld und Unterstützung.

Ganz innig danke ich meiner Großmutter Mathilde und meiner Mutter Irma, ohne die ich wahrscheinlich bis heute gar nicht wüsste, wo es langgeht.